dtv

Es gibt zwei Dinge, denen keine Frau gern gegenübertritt: einem schlechtbestückten Kleiderschrank und ihrem Spiegel. »Hilfe, ich habe nichts anzuziehen!« tönt es, wenn die Qual der Wahl wieder mal gar keine ist.

Niemand hat für diesen Klageruf mehr Verständnis als Betty Halbreich, die in New Yorks Nobelkaufhaus Bergdorf Goodman als »personal shopper« New Yorkerinnen aller Berufe und Gesellschaftsschichten beim Einkauf berät. Halbreich verrät, wie sich kostensparend eine Basisgarderobe zusammenstellen läßt, was frau am besten zu welcher Gelegenheit trägt, welche Accessoires ein kleines Schwarzes unwiderstehlich machen, wozu welche Schuhe passen, aber auch, wie lästige Flecken aus empfindlichen Stoffen entfernt werden. Ein lebendig, unterhaltsam und mit trockenem Humor geschriebener und durchgehend stilvoll illustrierter Führer quer durch den Kleiderschrank.

Betty Halbreich ist seit mehr als 20 Jahren in der Modebranche tätig. Als »Director of Solutions« im New Yorker Kaufhaus Bergdorf Goodman hat sie zahllosen Frauen geholfen, ihren ganz persönlichen Stil zu finden.
Sally Wadyka verlieh erstmals im Alter von 6 Jahren ihrem Modebewußtsein Ausdruck, als sie sich weigerte, ein rotes Kleid anzuziehen. Die Modejournalistin schreibt für Zeitschriften wie ›Elle‹ oder ›Mademoiselle‹ und ist leitende Redakteurin bei der amerikanischen Ausgabe von ›Vogue‹.

Betty Halbreich
Sally Wadyka

Der Fashion Guide

Geheimtips aus der Modewelt

Aus dem Englischen von Henriette Zeltner

Deutscher Taschenbuch Verlag

Deutsche Erstausgabe
Mai 1999
2. Auflage August 1999
Deutscher Taschenbuch Verlag GmbH & Co. KG, München
© 1997 Betty Halbreich und Sally Wadyka
© der Illustrationen 1997 Jeffrey Fulvimari, Art Department
Titel der amerikanischen Originalausgabe:
Secrets of a Fashion Therapist
Cliff Street Books, HarperCollins Publishers, New York
ISBN 0-06-270187-8
© der deutschsprachigen Ausgabe:
Deutscher Taschenbuch Verlag GmbH & Co. KG, München
Umschlagkonzept: Balk & Brumshagen
Umschlagfoto: © Rachel Jerome
Satz: KCS, Buchholz/Hamburg
Gesetzt aus der Times und Gill Sans
Druck und Bindung: C. H. Beck'sche Buchdruckerei, Nördlingen
Gedruckt auf säurefreiem, chlorfrei gebleichtem Papier
Printed in Germany · ISBN 3-423-20243-2

Für meine Mutter, Carol Stoll, eine der echten Trendsetterinnen

Dank

Von Betty:

Herzlichen Dank an Kathy und John, die mich immer wieder gefragt haben: »Ist es jetzt fertig, Mama?« An Greg Mills für seine phantastische Unterstützung und an Bruce Gregga für seine ermutigenden Anrufe. An Patricia für ihre Engelsgeduld und an Philip, der an mich glaubte! An Jim für seinen Langmut und manches andere. Und an Sally, die wie eine Tochter für mich geworden ist und in mir wie in einem Buch liest!

Von Sally:

Vielen Dank an Patricia van der Leun und natürlich an Betty, die mich in dieses Projekt einbezogen hat. Die Zusammenarbeit war einfach wunderbar. Ich habe noch nie soviel Zeit inmitten von Kleidern verbracht ... und noch nie soviel Spaß gehabt! Dank auch an Steven, Mama und Papa für ihre Hilfe. Und an all meine Freunde, die sich geduldig meine Geschichtchen von der täglichen Wortmenge angehört haben und immer zur Stelle waren, um mir zu helfen, die Arbeit augenblicklich aufzuschieben. Ihnen gebührt mein tiefster Dank.

Inhalt

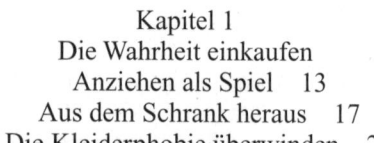

Vorwort

Das Ziel bei Betty Halbreichs Arbeit ist im Prinzip das gleiche
wie bei meiner – Vorschläge machen, manchmal für Kleider plä-
dieren, in denen die Leute sich besser, irgendwie erhaben fühlen.
Sie ist das letzte Bindeglied zu jenem Moment der Wahrheit! Sie
bereichert unser Leben. Sie ist wie gute Kleider … ein Zeichen
für das, was bleibt.
So ist Betty Halbreich.

Geoffrey Beene, Designer

Kapitel 1

Die Wahrheit einkaufen

... für den anderen Rhythmus, der in uns allen steckt ...

Anziehen als Spiel

Betty ist dazu geboren, durch das Leben anderer Leute zu gondeln und ihnen zu sagen, was sie anziehen (ja sogar auch, was sie tun) sollen. Einmal hörte ich sie mit einer Kundin plaudern: »Oh, sie ist schon seit 35 Jahren meine Freundin, dabei ist sie erst dreißig.« Sätze wie diese könnten aus einem Film von George Cukor stammen. Wie überhaupt das ganze Szenario. Vielleicht weiß sie das schon all die Jahre über. Mode ist nicht nur eine Notwendigkeit, sondern auch eine Form der Unterhaltung – und genau die verkauft Betty.

Isaac Mizrahi, Modedesigner

Wenn der Schnee in meiner Heimatstadt Chicago mir noch bis über den Kopf reichte, erschien meine Mutter schon in einem Hut mit lauter Kirschen drauf. Vom Hals abwärts steckte sie in ihrem winterlichen Pelzmantel, aber ihr Kopf war wie ein Vorbote des Frühlings. Im Herbst war es das gleiche: Bevor die Blätter auch nur anfingen, sich zu verfärben, trug sie den ersten Filzhut der Saison, immer mit einer Feder. Ich erinnere mich, wie ich einmal mit ihr ins Auto stieg und sie bei ihrem Kampf mit der Feder beobachtete – die Feder war so lang, daß sie damit tatsächlich nicht ins Auto kam! Das war ihre ganz spezielle Art, den Wechsel der Jahreszeiten anzukündigen. Meine Mutter war in der ganzen Stadt für ihren Stil und Witz bekannt – von ihren verrückten Hüten gar nicht zu reden. Aber natürlich wäre es auch schwer gewesen, nicht in der ganzen Stadt bekannt zu sein, wenn man inmitten eines Chicagoer Schneesturms Blumen auf dem Kopf trug.

Wenn ich zurückdenke, ist es kein Wunder, daß ich da gelandet bin, wo ich jetzt stehe. Meine Modeausbildung begann in ihrem Schlafzimmer, als ich noch ein kleines Mädchen war. Ich saß dort wie hypnotisiert und beobachtete sie dabei, wie sie Kleider mit silbernen Knöpfen, Kostüme mit Fuchspelzkragen oder ein Cocktailkleid mit Federn am Saum anzog. Einmal schenkte der Fotograf Victor Skrebneski meiner Mutter zu Weihnachten eine weiße Marabu-Jacke. Nicht vielen Frauen steht etwas so Außergewöhnliches, aber sie trug die Jacke zu Tode – und hinterließ Federn, wo sie ging und stand. Von allen Menschen,

denen ich je begegnet bin, hat meine Mutter den besten Geschmack, wer könnte mir also vorwerfen, daß ich versucht habe, da mitzuhalten? Sobald ich mich alleine anziehen konnte, fing ich an, mich mit den Sachen meiner Mutter zu verkleiden. Kaum war sie am Abend ausgegangen, huschte ich schon in ihre Ankleide und hüllte mich in ihre überaus luxuriösen samtenen Negligés, schlüpfte in ihre Stöckelschuhe und legte ihren glitzernden Schmuck an.

Als Kind liebte ich Verkleiden mehr als jedes andere Spiel. Und in gewissem Sinne mache ich heute nichts anderes. Nur daß ich jetzt statt des Kleiderschranks meiner Mutter das ganze Kaufhaus Bergdorf Goodman zum Spielen habe – sieben Etagen voller Designerkollektionen, glamouröser Abendroben und einzigartiger Accessoires. Und anstatt nur mich (oder meine Puppen) anzuziehen, staffiere ich jetzt einige der schönsten und berühmtesten Frauen der

Vorhersage für heute: Schneeschauer und verrückte Hüte

Welt aus. Genau wie mir im Schlafzimmer meiner Mutter nie langweilig wurde, gibt mir die tägliche Herausforderung, Frauen aller Typen und Größen, mit den unterschiedlichsten Figuren anzuziehen, immer einen kleinen Kick. Wenn ich genau das richtige Kleid für die Brautmutter entdecke, die gesamte Garderobe einer Kinofigur zusammenstelle oder eine nervöse junge Frau vor ihrem ersten Vorstellungsgespräch beruhige (während ich sie in ein Kostüm stecke, in dem sie umwerfend aussieht) – dann kann ich am Abend die Tür meines Ankleidezimmers zumachen und den Tag als Erfolg verbuchen.

Meine Mutter behauptete immer, daß ich beim Anziehen eigenen Gesetzen folgte. Was auch immer meine Altersgenossinnen taten, ich machte zielstrebig das Gegenteil. Sogar im Sommerlager, wo wir alle eine Uniform trugen, fand ich einen Weg, dieser meinen eigenen Stempel aufzudrücken. Ich krempelte die Shorts auf, rollte meine Ärmel auf bestimmte Weise hoch und legte mir einen Pulli um die Schultern. Ich behaupte nicht, daß ich immer toll aussah, manchmal vielleicht sogar lächerlich, aber genau das ist es ja, was an der Mode soviel Spaß macht: hie und da in Sachen Stil ein Risiko einzugehen, um zu sehen, was dabei herauskommt.

Manchmal funktioniert es gar nicht, aber dann weiß man wenigstens, daß man es nicht noch einmal tun wird, und schließlich entwickelt man Vertrauen in die eigene Fähigkeit, bei Modefragen kluge Entscheidungen zu treffen. Das wahre Geheimnis, wenn man gut angezogen sein will, lautet: Es ist alles eine Frage der Einstellung. Es kommt auf die Kleidung an, aber auch auf das, was man im Kopf hat. Es geht darum, einen Raum in der

Verkleiden spielen

Gewißheit zu betreten, gut auszusehen und sich gut zu fühlen, und diese Einstellung jedem zu vermitteln, der einen sieht.

Als ich 1976 meine Karriere als Modeberaterin begann, existierte der Begriff »personal shopper«, persönliche Einkäuferin, noch nicht. Aber die Kundinnen suchten verzweifelt nach Hilfe. Bergdorf Goodman, das schon immer das schickste Kaufhaus von New York gewesen ist, hatte einfach alles, was man sich vorstellen kann, aber die Frauen, die sich durch die Drehtüren von der Fifth Avenue hereinwagten, waren oft zu eingeschüchtert oder überwältigt oder zu ängstlich, um irgend etwas Neues auszuprobieren.

Hier trat ich auf den Plan. Ich denke, von Anfang an kamen die Leute zu mir, um sich rückzuversichern und mit einem objektiven Blick betrachtet zu werden. Wenn eine meiner Kundinnen etwas anprobiert, schaut sie mich an statt in den Spiegel. Ich gebe zu, das ich ein angeborenes gutes Auge habe. Das ist ein Segen. Sich gut anzuziehen und zu wissen, was zusammenpaßt und was nicht, ist natürlich unbestritten auch eine Sache der Intuition. Aber das heißt nicht, daß man es nicht lernen kann. Es bedarf nur eines bißchens Übung und *vieler* Blicke in den Spiegel.

Ich habe Kundinnen, die schon seit dem ersten Tag, an dem ich die Tür meines Ankleideraums öffnete, zu mir kommen. Über die Jahre haben sie ihre Freundinnen mitgebracht, ihre Mütter, ihre Töchter und sogar ihre Enkelinnen. Als ich zum ersten Mal für Betty Buckley arbeitete (die seit zwanzig Jahren meine Kundin ist), war sie gerade am Broadway in ›Cats‹ zu sehen. Und seit damals ruft sie mich vor jedem Vorsprechen an. Inzwischen ist das schon fast ein abergläubisches Ritual. Ich suche ihr ein Outfit aus – und sie bekommt die Rolle. Manche meiner Kundinnen glauben, daß ich Wunder vollbringe. Ich denke, ich bin nur ehrlich. Ein Frau, die meine Ankleide betritt, bekommt eher »Ziehen Sie das aus, es sieht furchtbar aus« zu hören als »Oooh, das ist großartig!«

An den meisten Tagen ähnelt mein Büro eher einem Zirkus mit drei Manegen als einer schicken Modenschau. Da gibt es eine nie abreißende Parade von Frauen mit allen Figuren und in allen Größen: Schauspielerinnen, Managerinnen, Damen der feinen Gesellschaft, Hausfrauen, junge Mütter, »normale« berufstätige Frauen. Aber egal, wer sie sind und wieviel sie ausgeben können, schlußendlich kommen sie immer wieder, weil Einkaufen und Anziehen nicht nur aus Kleidern besteht. Es ist etwas, das man tut, um sich gut zu fühlen. Es soll Spaß machen, und manchmal auch komisch sein. Denn wenn Sie keine Freude an Ihren Kleidern haben, machen Sie eindeutig etwas falsch. Ich behaupte immer, daß niemand in mein Büro – oder in irgendein anderes Geschäft irgendwo auf der Welt – kommt, der nicht bereit zu einer kleinen Veränderung wäre. Ich habe noch keine Frau getroffen, die an einem Schaufenster vorbeigeht, ohne sich die Nase an der Scheibe platt zu drücken. Sie ist höchstens verzweifelt, daß sie nicht hineinkann. Zeigen Sie mir einen Menschen, der keine Freude an neuen Sachen hat – egal ob es sich um frivolen Schmuck oder ein notwendiges Stück handelt –, und ich sage Ihnen, das kann keine Frau sein!

Aus dem Schrank heraus

Betty weiß genau, was in der Garderobe einer Kundin fehlt, noch bevor die Kundin selbst weiß, daß es ihr fehlt!

Susan Lucci, Schauspielerin

Es gibt zwei Dinge, mit denen niemand konfrontiert werden möchte: mit seinem Kleiderschrank und seinem Spiegel. Die meisten Leute öffnen ihren Kleiderschrank, schließen ihn dann ganz schnell wieder – und gehen in Deckung! Sie können den Anblick des Innenlebens ihres Schrankes nicht ertragen. Sie hassen die fehlende Organisation und die Beliebigkeit hinter diesen geschlossenen Türen. Es ist kein Wunder, daß die häufigsten Worte, die Frauen ausstoßen, lauten: »Ich habe nichts anzuziehen.« Gut, natürlich glauben Sie, daß Sie nichts anzuziehen haben, denn in einem solchen Durcheinander, in dem sich die meisten guten Sachen hinter Bergen von Schrott verstecken, würde es Ihnen selbst dann nicht gelingen, etwas zum Anziehen zu finden, wenn Sie es besäßen.

Ob es Ihnen paßt oder nicht, ich kann nicht zulassen, daß Sie in dem Wahn »Ich muß jetzt etwas kaufen« gleich in einen Laden stürzen – erst müssen Sie sich diesen beiden Herausforderungen stellen: dem Kleiderschrank und dem Spiegel. Als erstes, der Schrank. Aller Wahrscheinlichkeit nach ist er so vollgestopft mit unbrauchbarem Zeug und so schlecht organisiert, daß Sie – obwohl Sie überzeugt sind, nichts anzuziehen zu haben – gleichzeitig sicher sind, daß darin nicht das kleinste bißchen Platz für etwas Neues ist. Dafür gibt es eine einfache, wenn auch eher unerfreuliche Lösung: Beißen Sie in den sauren Apfel und misten Sie Ihren Schrank aus. Sobald Sie aussortiert haben, was Sie nicht mehr wollen oder brauchen, und sobald Sie etwas Platz zwischen den Bügeln sehen, werden Sie sich schon viel besser fühlen. Das steht ganz außer Frage. Die wahre Herausforderung beim Aufräumen des Kleiderschranks ist, zu entscheiden, was bleibt und was rausfliegt. Ich weiß, daß es sich dabei um ein Klischee handelt, aber in den meisten Fällen ist etwas Wahres daran: Was Sie seit einem Jahr nicht mehr getragen haben, sollten Sie wegwerfen. (Das ist natürlich nicht unbedingt wörtlich zu verstehen; suchen Sie sich jemand, der die Sachen brauchen kann, oder eine Wohltätigkeitsorganisation, die Kleiderspenden annimmt.) Ich rate Ihnen, wegzugeben, was

»Ich habe WAS weggeworfen?«

Sie nicht tragen, weil die Sachen ja auch nicht jünger werden. Und wenn Sie darauf warten wollen, bis sie wieder in Mode kommen, müssen Sie ganz schön lange warten. Abgesehen davon sind trotz aller Retro-Moden, die die Designer heute wieder hervorbringen, die Neuauflagen immer ein bißchen anders. Exakt dieselben Sachen kommen nicht wieder – und selbst wenn, würden sie Ihnen dann noch passen? Wenn ich mir die jungen Frauen ansehe, die diese gräßlichen Polyesterkleider aus den Siebzigern tragen, die sie ganz hinten aus den Schränken hervorgeholt oder aus einem Second-Hand-Laden haben, kann ich mir nicht vorstellen, daß jemand, der alt genug ist, um sie

damals getragen zu haben, wild darauf wäre, diese Dinger wieder anzuziehen!

Die einzige Ausnahme bei dieser ganzen Wegwerfaktion sind die Kleider, in die Sie wirklich investiert haben. Aber nur weil Sie viel Geld für etwas ausgegeben haben und sich nicht davon trennen wollen, heißt das nicht, daß es mitten in Ihrem Schrank hängen muß, wenn Sie es im Moment gar nicht tragen. Ich denke, das beste wäre es, Kleider, denen Sie sich wirklich verbunden fühlen, von denen Sie sich nicht trennen können, an einem anderen Platz aufzubewahren. Ein Extra-Kleiderschrank wäre ideal, es reicht aber auch eine Ecke in Ihrem Schrank. Überlegen Sie gut, bevor Sie wertvolle Dinge wegwerfen. Auch ich bedaure, mich von manchen Sachen getrennt zu haben. Ich frage mich oft, was ich mir dabei gedacht habe, tadellose Krokohandtaschen rauszuschmeißen. Es würde mich ein Vermögen kosten, sie heute nachzukaufen. Manchmal hat es also Sinn, einige Sachen von Wert aufzuheben. Und selbst wenn sie nie wieder in Mode kommen, macht es Ihnen wahrscheinlich Spaß, sie hin und wieder hervorzuholen.

Ich fürchte, jetzt ist es Zeit, dem Spiegel gegenüberzutreten. Wenn Sie sich wirklich objektiv betrachten wollen, müssen Sie sich komplett ausziehen und nackt vor einen Spiegel stellen, in dem Sie sich ganz sehen. Drehen Sie sich zum Spiegel um (schluck) und sagen Sie:»Da bin ich.« Das ist das Schwierigste und auch eine der peinlichsten Sachen auf der Welt. Auch mir fällt das sehr schwer (weshalb ich jahrelang außer einem kleinen Ding über dem Waschbecken gar keinen Spiegel besessen habe). Aber Sie sollten wirklich versuchen, sich zu analysieren, Ihre Vorzüge und Schwächen, während Sie so nackt dastehen. Wenn Sie Ihren nackten Anblick nicht ertragen können, hier eine kleine Erleichterung: Lassen Sie die Unterwäsche an. Aber selbst dann braucht es noch Stärke, um sich wirklich objektiv anzusehen, was frau da im Spiegel erblickt.

Bevor Sie Ihre Augen bedecken und sich abwenden, denken Sie daran, sich auch von hinten zu betrachten. Wir sind nicht eindimensional, deshalb muß alles, was Sie anziehen, von allen Seiten begutachtet werden. Nur weil Sie Ihre Rückseite selten sehen, dürfen Sie nicht vergessen, daß die Menschen Ihrer Umgebung Sie den lieben langen Tag aus jedem erdenklichen Blickwinkel betrachten. Wenn ich morgens zur Arbeit gehe, sehe ich die ganze Welt von hinten. Und was für eine Welt das ist! Ich sehe zu enge Hosen, Schuhe mit abgelaufenen Absätzen, ungekämmte Haare, extrem sichtbare Unterhosen und/oder BHs usw. Tun Sie sich – und allen Menschen Ihrer Umgebung – den Gefallen und versuchen Sie, wenigstens einen Blick über Ihre Schulter in den Spiegel zu werfen, bevor Sie durch die Tür nach draußen rauschen und das Etikett aus Ihrem Kleid heraushängt, Sie einen Fleck auf dem Po haben oder irgendein anderes Unheil dort hinten lauert.

Checkliste zum Aufräumen des Kleiderschranks

◆ Halten Sie nach Dingen Ausschau, bei denen Sie zur Überdosis neigen: Haben Sie sechs rote Pullover? Fünf schwarze Blazer? Vier marineblaue Röcke? Sie müssen sich gar nicht unbedingt auch nur von einem einzigen dieser Stücke trennen (sie sind alle *ganz* verschieden, oder?). Denken Sie aber das nächste Mal daran, wenn Sie die Kasse mit einem weiteren roten Pullover, schwarzen Blazer, marineblauen Rock oder (fügen Sie hier ein, was immer Sie sammeln) ansteuern.

◆ Zwingen Sie sich, Sachen wegzugeben, die Ihnen wirklich nicht mehr passen. Es gibt keine schlimmere Qual, als einen Schrank voller toller Sachen zu haben, in die Sie sich seit mindestens zehn Jahren schon nicht mehr hineinzwängen können. Seien wir ehrlich: Bis Sie theoretisch fünf, zehn oder wieviel Pfund auch immer abgenommen haben, sind die Sachen hoffnungslos aus der Mode.

◆ Bevor Sie abgetragene Kleider oder Schuhe in den Müll werfen, versichern Sie sich, daß man sie nicht reparieren kann. Schuhe lassen sich leicht (und für nicht allzuviel Geld) revitalisieren. Mit neuen Absätzen, neuen Sohlen und einer guten Politur können viele Paare wieder wie neu aussehen. Und was Kleider angeht, kann eine gute Schneiderin oder Näherin beschädigte Stricksachen reparieren, Applikationen ersetzen und sogar ein aus der Mode gekommenes Stück durch Änderungen aufmöbeln.

◆ Was sich nicht ausbessern läßt – vom Tragen oder Reinigen glänzend gewordener Stoff, Wildlederschuhe, die sich nicht reparieren lassen, Kleider mit Flecken, die sich nicht entfernen lassen – sollte auf alle Fälle entsorgt werden.

- ◆ In Second-Hand-Läden werden Sie ohne Schuldgefühle los, was Sie nicht mehr wollen – vor allem teure Fehlgriffe. In manchen Läden bekommen Sie Bargeld dafür, andere nehmen die Kleidungsstücke in Kommission.
- ◆ Organisieren Sie eine Tauschparty mit Ihren Freundinnen. Bitten Sie alle, die Sachen mitzubringen, die sie nicht mehr haben wollen, und tauschen Sie dann miteinander. Vergessen Sie, daß die Sachen umsonst sind, und passen Sie auf, daß Sie nicht nach allem schnappen (und die Sachen dann nächstes Jahr wieder aussortieren). Aber oft ist das, was für die eine wertlos ist, ein Schatz für die andere!

Mir fällt es leicht, meine Kundinnen objektiv zu betrachten. Ich sehe nur exakt das, was sich vor meinen Augen befindet. Eine Form, die angezogen werden will: ein Kopf, zwei Arme, zwei Beine, Hüften, eine Taille. Ich sehe diese Form, und ich denke sofort darüber nach, mit welchen Kleidern sie am besten aussehen würde. Gehen Sie zurück vor den Spiegel, und versuchen Sie, sich genau so zu sehen. Richten Sie Ihren Blick nicht sofort auf Ihre Hüften, um loszuschreien und nach einem Morgenrock zu greifen. Schauen Sie sich wirklich beides an, Ihre Pluspunkte und Ihre Schwächen, ohne darüber zu urteilen. Behalten Sie jetzt dieses Bild Ihres Körpers im Kopf und ziehen Sie Ihr Lieblings-Outfit an, das, in dem Sie immer gut aussehen und sich wohl fühlen, egal wie die Umstände sind. Wenden Sie sich wieder dem Spiegel zu. Gefällt Ihnen immer noch, was Sie sehen? Warum? Versuchen Sie objektiv zu analysieren, warum Sie in diesen Sachen gut aussehen. Betont der Schnitt bestimmte Stellen und kaschiert andere? Ist es die Art, in der die Farbe Ihren Teint wärmer macht, so daß es plötzlich aussieht, als hätten Sie Make-up aufgelegt? Ist es der gewagte Mustermix, der Ihnen das Gefühl eines modischen Abenteuers gibt? Denken Sie Punkt für Punkt darüber nach, warum dieses Outfit funktioniert, und speichern Sie dieses Wissen. Es wird Ihnen sehr zugute kommen, sobald Sie bereit sind, die Läden zu stürmen.

Ich bin schon immer der Überzeugung gewesen, daß in Sachen Garderobe weniger wirklich mehr ist. Denken Sie also nicht, nur weil Sie all den Mist aussortiert haben, müßten Sie jetzt einkaufen, einkaufen, einkaufen, bis Ihr Schrank wieder voll ist. Ich sage all meinen Kundinnen: »Ich bin keine Schrank-Dekorateurin.« Und das stimmt. Ich bin nicht dazu da, ihre Kleiderschränke anzuziehen. Ich bin da, um ihnen zu helfen, Kleider zu finden, die effektiv mehr Zeit an ihrem Körper als auf dem Kleiderbügel verbringen. Wenn Sie nur shoppen gehen, um etwas Neues zu haben, stehen Sie am Ende da mit einer Garderobe aus lauter Einzelstücken, die nicht zusammenpassen. Das ist dann wie ein Flickenteppich! Sie spazieren durch den Laden und Ihr Blick fällt auf dieses und jenes, und schließlich verlassen Sie den Laden mit mehreren Tüten voller nichts. Teuren Stückchen von nichts.

Bevor Sie also überhaupt ans Einkaufen denken, sollten Sie überlegen, was Sie kaufen wollen. Mit nichts als einer Kreditkarte und dem vagen Wunsch nach etwas Neuem aus dem Haus zu laufen, bringt uns in Schwierigkeiten. Die meisten Frauen kommen aus einem bestimmten Grund zu mir. Sie brauchen ein Kleid für eine Hochzeit, ein Kostüm für ein Vorstellungsgespräch, Freizeitkleidung für einen Urlaub. Wenn jemand mit dem Wunsch zu mir kommt, eine komplette Garderobe zu kaufen, lasse ich das nicht zu. Ich helfe so jemandem, wenige Basics für den Anfang zu finden, dann rate ich, damit nach Hause zu gehen, und sich an diese Teile zu gewöhnen. Man muß sehen, wie einem die Schnitte und Farben gefallen, ausprobieren, wie die Sachen mit dem harmonieren, was man schon im Kleiderschrank hat. Und an diese Regel sollte jeder sich halten. Versuchen Sie nicht, an einem einzigen Nachmittag alles zu erstehen. Machen Sie sich eine Liste der wenigen Dinge, die Sie wirklich brauchen, und kaufen Sie nur diese. Denken Sie daran: Sie – und nicht Ihr Kleiderschrank – sollten gut angezogen sein.

Die Kleiderphobie überwinden

Da mein Geschmack in katholischen Internaten geprägt wurde, fühlte ich mich zu roten Karos hingezogen, zu blauem Futterstoff und Blazern mit Nachbildungen von Dornen und blutenden Herzen auf den Taschen. Betty nahm sich diese Information zu Herzen und fand einen glücklichen Mittelweg: eine mitternachtsblaue Valentino-Robe aus Samt, mit langen Ärmeln und einem bodenlangen Rock. Das nächste Mal steckte sie mich in etwas aus Goldlamé mit Reptilienstruktur, das hauteng und glänzend war. Mittlerweile bin ich dazu übergegangen, einfach das zu kaufen, was Betty gerade trägt!

Jane Curtin, Schauspielerin

Stellen Sie sich vor, Sie gehen gerade durch die Drehtür eines prächtigen Kaufhauses. Was empfinden Sie? Sind Sie elektrisiert von dem Gedanken an die Möglichkeiten, die Sie in jedem

Stockwerk erwarten? Fühlen Sie sich eingeschüchtert vom Verkaufspersonal und den Preisschildern? Sind Sie überwältigt von der riesigen Menge der zur Wahl stehenden Kleider? Oder vielleicht fühlen Sie ein bißchen von all dem. Da sind Sie nicht die einzige. Es ist kein Wunder, daß die persönliche Einkaufsberatung in den letzten Jahren einen solchen Boom erfahren hat. Frauen brauchen heute Hilfe. Sie sind zu beschäftigt oder zu unsicher angesichts der Fülle, um die richtigen modischen Entscheidungen allein zu treffen. Das muß bei Ihnen nicht so sein. Sie können es alleine und erfolgreich schaffen.

Denken Sie an die kleine Übung vor dem Spiegel zurück. Entspricht Ihr Aussehen in Ihrem Lieblings-Outfit Ihrem Idealbild von sich selbst? Wenn nicht, versuchen Sie sich vorzustellen, wie dieses Ideal aussehen könnte. (Beschränken Sie Ihre Phantasien bitte auf Visionen bezüglich des Körpers, den Sie momentan besitzen. Wir sind hier auf der Suche nach Objektivität und nicht bei der Zusammenstellung einer Wunschliste für den plastischen Chirurgen.) Bevor Sie sich aufmachen, um ein neues Ich zu kaufen – oder auch nur einen neuen Pullover –, müssen Sie eine Vorstellung davon haben, wie Sie aussehen wollen. Sie müssen Ihren Look bestimmen. Das klingt jetzt vielleicht strenger, als es gemeint ist. Natürlich können Sie eine Abweichung wagen und ein bißchen abenteuerlustiger werden oder in die andere Richtung gehen und sich etwas konservativer geben. All dem sollte aber eine solide Definition dessen zugrunde liegen, wie Sie aussehen wollen. Dieses Wissen wird Ihnen erlauben, kluge Entscheidungen in Modefragen zu treffen. Leider genügt es nicht, ein neues Kleid zu kaufen, um sich plötzlich sicher zu fühlen. Sicherheit entwickelt sich über einen längeren Zeitraum hinweg und geht mit einer Menge Selbsterkenntnis einher.

Lassen Sie mich das am Beispiel einer Frau illustrieren, die kürzlich zu mir kam und einen sehr konservativen Geschmack hat. Ich zeigte ihr ein etwas außergewöhnliches Jackett des Designers Yamamoto, und sie schrie fast: »Betty, das würde ich nie tragen.« Also legte ich es weg. Aber ich sagte ihr auch, daß ich sie nächstes Jahr wahrscheinlich soweit hätte, etwas in der Art zu tragen. Ihre Antwort: »Sie haben wahrscheinlich recht, aber jetzt kann ich es einfach noch nicht.« Warum? Weil sie Angst hatte und noch nicht bereit war, ein Risiko einzugehen. Aber sobald Sie einen gewissen Grad an Sicherheit erreicht haben, werden Sie zu einer kleinen Eskapade fähig sein – vielleicht probieren Sie einen neuen Jackenschnitt, eine kräftigere Farbe oder eine andere Rocklänge aus. Stellen Sie sich jede Bewegung als klitzekleinen Schritt auf dem Weg zu einem aufregenderen Kleidungsstil vor.

Bei Ihren früheren modischen Abenteuern haben Sie wahrscheinlich eine ganze Menge Fehler gemacht (die höchstwahrscheinlich beim Aufräumen Ihres Schranks auf dem Stapel »aussortiert« gelandet sind). Betrachten Sie diese Fehltritte als Teil Ihres Lernprozesses. Ich bin inzwischen an dem Punkt angelangt, wo ich in ein Geschäft gehen, einen Blazer ohne Anprobieren kaufen kann und weiß, daß er perfekt passen und mir gut stehen wird. Die einzige Möglichkeit, selbst soweit zu kommen, ist Übung. Wenn Sie bei der Betrachtung von sechs verschiedenen Jacken mit unterschiedlichen Schnitten nicht sofort wissen, welche am besten zu ihrer Figur paßt, dann sollten Sie alle sechs anprobieren und sich genau im Spiegel der Umkleidekabine betrachten. Nutzen Sie die Vorteile eines dreiteiligen Spiegels, um zu sehen, wie eine Jacke über Ihre Hüften fällt, wie sie an den Schultern spannt oder sich im Rücken hochschiebt. Das ist Ihr Training, um Ihren Körper und das, was ihm steht, kennenzulernen. Wir wissen alle, daß derselbe Körper – je nachdem, was man trägt – vollkommen anders aussehen kann. Es ist Ihre Aufgabe, den Unterschied zwischen dem Kleid, in dem Sie wie eine Millionärin aussehen, und dem, das wie ein Kartoffelsack an Ihnen hängt, zu erkennen.

Modemagazine durchzublättern, ist eine Möglichkeit, sich

weiterzubilden, weil sie die zukünftigen Trends vorhersagen und – bis zu einem gewissen Grad – zeigen, womit man in der kommenden Saison in den Geschäften zu rechnen hat. Aber sehen viele von uns sich selbst, ihr Leben und ihren Geschmack wirklich auf diesen Hochglanzseiten abgebildet? Kein bißchen! Betrachten Sie Modemagazine deshalb nicht als Bibel für Kleiderfragen. Sehen Sie sie sich an, um Ideen dafür zu bekommen, was Sie vielleicht tragen möchten. Es kann natürlich vorkommen, daß das, was Sie in Zeitschriften sehen, und das, was es in Ihrem Lieblingsladen zu kaufen gibt, zwei völlig verschiedene Dinge sind. Das braucht Sie aber nicht daran hindern, Ihr Wissen aus der ›Vogue‹ anzuwenden – Hosen sind dieses Jahr schmäler, und Grau ist die Trendfarbe – und nach Ihrem eigenen Geschmack, Ihren finan-

Klone

ziellen Vorstellungen und Ihrem modischen Empfinden einkaufen zu gehen.

Es gibt natürlich ein paar Stilregeln. Und wenn sie am Ende dieses Buches angelangt sind, werde ich Sie Ihnen alle beigebracht haben und Ihnen, was vielleicht noch wichtiger ist, die Erlaubnis geben, sie zu brechen. Denn ein toller Stil sollte nicht formelhaft und rigide sein, sondern gerade so eklektisch und scharf abgegrenzt, wie Sie ihn wollen. Nehmen Sie also, was Ihnen an Regeln, Tips und Geheimnissen auf den nächsten Seiten unterkommt, und speichern Sie es irgendwo in Ihrem Hinterkopf. Sobald Sie genug Vertrauen haben, irgendwo einzukaufen und es mit Eleganz zu tun, nehmen Sie sich die Freiheit, diese Regeln zu brechen. Schließlich ist Mode nichts, wovor man sich fürchten müßte.

Kapitel 2

Eine Garderobe entsteht nicht an einem Tag

Bei Null anfangen

Betty sagt, daß sie die besten Beine der Stadt anzieht, wenn sie mich ein-
kleidet. Vielleicht ist das der Grund, warum die Röcke immer kürzer zu
werden scheinen, je länger ich in ihrem Büro bin.

Stockard Channing

Ich vergleiche das Einkaufen von Kleidern und den Aufbau einer
Garderobe gerne mit der Einrichtung eines Hauses. Beides kann
man nicht in einem einzigen Marathon erledigen oder jemals für
abgeschlossen erklären. In Ihrem Zuhause wollen Sie Ihr Leben
lang Dinge um sich versammeln, die Sie mögen. Dinge, die Sie
glücklich machen. Mit Ihrer Garderobe sollte es genauso sein.
Sie sollte sich über Jahre entwickeln, so daß Ihr Kleiderschrank
zu jedem Zeitpunkt etwas Neues enthält, aber auch einige
Sachen, die Sie schon seit Jahren haben (und lieben). Stellen Sie
sich den Aufbau Ihrer Garderobe als endloses Projekt vor – nicht
als Pflicht, sondern als wohlüberlegten Liebesdienst. Es geht vor
allem und zuerst um die Liebe zu Kleidern und schönen Dingen,
mit denen Sie sich gut fühlen!

Obwohl ich absolut dagegen bin, daß Sie sich von allem trennen, was Sie besitzen, und bei Null anfangen, gibt es einige
Schlüsselmomente im Leben einer Frau, in denen eine substan-
tielle und fast vollständige Überholung der Garderobe geraten
scheint. Der erste große Meilenstein ist der Übergang von der
Ausbildung ins Berufsleben. Das ist der Zeitpunkt, an dem die
meisten Frauen wirklich beginnen, die Fundamente einer Garderobe zu legen, die – wenn die Stücke gut gewählt sind – sich über
die nächsten paar Jahre mit ihnen ent-
wickeln wird. Gewisse extrem modische Dinge gibt man weg, nachdem
man eine Saison seinen Spaß an ihnen
gehabt hat, aber eine gute Grundgarderobe ist nichts, was man wegwirft.

Für die meisten Frauen ist es eine
Schreckensvision, eine Garderobe komplett neu zusammenzustellen. Da ist einmal die Angst, seinen Kreditrahmen zu spren-

gen, um den Kleiderschrank vollzukriegen, dann die Angst, teure Fehler zu begehen, und schließlich die Unsicherheit, sich auf einen bestimmten Look festzulegen. Obwohl Ihr Sinn für Mode sich Ihr Leben lang weiterentwickeln sollte (genauso wie Ihre Garderobe), lautet die Frage, die die meisten von uns paralysiert, »Wo fange ich an?« Das Gefühl für modischen Stil ist teilweise angeboren und teilweise erworben. Sie gewinnen bei jedem Blick in ein Modemagazin, jedem Streifzug durch einen Laden, jedem Durchblättern eines Katalogs und jedem Schaufensterbummel in der Mittagspause ein bißchen davon. Ich kann verkünden, was man tragen kann und was sich womit kombinieren läßt, aber das wird Ihnen nicht dabei helfen, einen persönlichen Stil zu entwickeln. Denn das ist etwas, das Sie allein tun müssen.

Kommen wir zurück auf die junge Frau mit dem neuen Job und dem leeren Kleiderschrank. Wenn Sie sich in dieser Lage befinden (oder in einer ähnlichen, wenn Sie nach ein paar Jahren zu Hause bei den Kindern ins Berufsleben zurückkehren), ist der erste Schritt, bevor Sie die Geschäfte stürmen, sich eine Liste der Dinge zu machen, die Sie sofort brauchen. Ich rede hier wirklich nur von den absoluten Basics, denn ich bin der festen Überzeugung, daß Sie nie mehr als einige wenige Stücke auf einmal kaufen sollten. Überlegen Sie, was unabdingbar ist, um Sie über die ersten Wochen im Job zu bringen – und machen Sie dann eine zweite Liste der Dinge, die Sie ein bißchen später dazukaufen möchten. Als nächstes machen Sie sich ein wenig schlau, was zu haben und in dieser Saison besonders angesagt ist. Blättern Sie ein paar Modezeitschriften durch, suchen Sie sich den Stil aus, der Ihnen gefällt, und schneiden Sie sich ein paar Bilder aus; so haben Sie eine optische Erinnerung an das, wonach Sie suchen, wenn Sie durch die Läden streifen. Hier geht es weniger darum, daß *genau* die Dinge abgebildet sind, die Sie kaufen wollen, sondern darum, die *Art* von Kleidung zu identifizieren, die Sie suchen. Nur weil Sie also das Bild eines Hängerkleidchens von Gucci herausgerissen haben, heißt das nicht, daß Sie eine Bank ausrauben und genau *dieses* Kleid erstehen müssen. Sie können das Bild dazu benutzen, um sich darüber klarzuwerden, welcher Schnitt, welche Länge, Farbe oder was auch immer Ihnen zusagt. Und weil Geld für die meisten Frauen, die am Anfang stehen, ein echtes Problem ist, halte ich es für vernünftig, nachdem Sie Ihre Liste gemacht und sich ein paar Vorlagen angesehen haben, sich auch einen finanziellen Rahmen zu setzen. Bedenken Sie, daß die Zusammenstellung einer Grundgarderobe fürs Berufsleben eine Investition in Sie selbst und Ihre Karriere ist, und seien Sie bereit, mehr dafür auszugeben als für die Kleider Ihrer Schul- oder Studienzeit. Das heißt jedoch nicht, daß Sie sich hoch verschulden müssen, um sich neu einzukleiden. Überlegen Sie, was in Ihrer persönlichen finanziellen Situation realistisch ist, und setzen Sie sich ein Limit für jedes der Stücke auf Ihrer Liste (konsultieren Sie diese, wann immer eine übereifrige Verkäuferin versucht, Sie zum Kauf eines zu teuren Stücks zu überreden).

Kombinieren ist alles

◆ Immer wenn Sie ein neues Outfit oder ein paar neue Stücke nach Hause bringen, hängen Sie sie nicht einfach in den Schrank, sondern spielen Sie damit.

◆ Sehen Sie sofort in Ihren Schränken und Schubläden nach, was zu den Neuerwerbungen paßt.

◆ Probieren Sie verschiedene Kombinationen aus, bevor Sie die neuen Sachen wegräumen (Sie werden keine Zeit dazu haben, wenn Sie morgens zur Arbeit müssen, d. h. wenn Sie jetzt nicht experimentieren, werden Sie es nie tun).

◆ Unterschätzen Sie die Wirkung einfacher Accessoires nicht. Probieren Sie den neuen Rock mit Strümpfen in verschiedenen Farben und unterschiedlichen Schuhen (von den schicken Pumps bis zu Stiefeln mit massivem Absatz).

◆ Denken Sie über die laufende Saison hinaus: Probieren Sie den neuen Woll-Gabardine-Anzug einmal mit T-Shirt, einmal mit Pullover drunter an.

Jetzt, wo Sie ausgerüstet und bereit sind, die Läden zu stürmen, sollten Sie im Geiste mein Lieblings-Mode-Mantra wiederholen, während Sie von Stockwerk zu Stockwerk wandern: Weniger ist mehr, weniger ist mehr, weniger ist mehr. Das ist meine Methode, um Sie davon abzuhalten, den Laden mit einem Dutzend Tüten voller »Ich-weiß-nicht-was« zu verlassen, wofür Sie zwei Monatsgehälter hingeblättert haben. Ich habe die Erfahrung gemacht, daß Frauen, die sich in den Kopf gesetzt haben, Kleider zu kaufen, häufig maßlos werden und irgendwo mitten im Laden gestoppt werden müssen, um ihre Einkaufsfortschritte realistisch zu betrachten. Selbst wenn Sie es sich leisten können, empfehle ich Ihnen, nicht zuviel auf einmal zu kaufen. Lassen Sie uns vorläufig nur an der Grundgarderobe arbeiten, okay?

Als Basis für alles Weitere, was Sie noch kaufen werden, eignet sich am besten ein Kostüm oder ein Hosenanzug. Für welche Art Sie sich entscheiden, hängt zum Beispiel davon ab, in welcher Branche Sie arbeiten. Bevor Sie losgehen und eine Menge Geld in einen Hosenanzug oder einige teure Hosen stecken, sollten Sie sich versichern, daß Sie so etwas im Büro tragen können. So archaisch das klingen mag, aber es gibt immer noch Firmen, in denen Röcke Pflicht sind. Im allgemeinen ist ein einfaches (nicht zu modisches) Kostüm in einem dunklen Farbton eine gute erste Investition. Wenn Sie es sich leisten können, zwei Zweiteiler auf einmal zu kaufen, empfehle ich Ihnen eine Jacke mit Rock und eine andere mit Hose zu kaufen, die Sie jeweils miteinander kombinieren können, um Ihre Möglichkeiten auf einen Schlag zu erweitern. Der nächste Schritt besteht darin, eine Vielzahl von Kleidungsstücken zu finden, die Sie mit dem Kostüm tragen können – angefangen bei schlichten Hemdblusen bis hin zu einem Twinset. Für wärmeres Wetter oder einen legeren Tag im Büro nehmen Sie noch ein paar schlichte T-Shirts dazu (dabei ist es völlig unnötig, Unsummen für die Baumwollhemdchen eines Designers hinzublättern). Das ist alles, was ich Sie an Ihrem ersten Tag einkaufen lassen würde.

Die fünf Gebote beim Zusammenstellen einer Grundgarderobe

◆ Versuchen Sie nicht, all das in einer Mittagspause zu erstehen.

◆ Egal wie »in« eine seltsame Farbe in dieser Saison gerade ist: kaufen Sie kein teures Kostüm in diesem Farbton. Die Erwartung, daß niemand es bemerken wird, wenn Sie es dreimal pro Woche tragen, wäre nämlich fatal.

◆ Schuhe, eine Handtasche und Accessoires sind ein entscheidender Bestandteil selbst der einfachsten Grundgarderobe (aber lesen Sie erst die Tips zur richtigen Wahl im nächsten Kapitel).

◆ Es gibt einen Unterschied zwischen »in Kleidung investieren« und »sich finanziell ruinieren«. Kaufen Sie nichts, das Sie auf Jahre hinaus in Schulden stürzt.

◆ Kaufen Sie das Beste, was Sie sich guten Gewissens leisten können. (Tip: Denken Sie an Qualität. Wenn Sie die Wahl zwischen
einem Pullover aus wirklich guter Wolle und einem minderwerti-
gen Kaschmirpullover haben, sollten Sie sich für Wolle entscheiden.)

Gehen Sie jetzt mit diesen etwa zehn Teilen nach Hause und
legen Sie sie alle auf Ihrem Bett aus. Entstehen vor Ihrem inne-
ren Auge schon Bilder der vielen Outfits, die Sie aus diesen
wenigen Stücken zusammenstellen können? Zögern Sie nicht,
Hosenanzug und Kostüm auseinanderzureißen, und vergessen
Sie die Kleidungsstücke nicht, die Sie bereits im Schrank
haben – aus Alt und Neu ergeben sich wahrscheinlich noch ein
paar neue Kombinationen. Probieren Sie Jeans mit dem Pullover
und einem der Blazer, dann schlingen Sie sich noch eine Strickjacke um die Schultern. Oder ziehen Sie die Anzughose mit weißem T-Shirt und Turnschuhen oder flachen Sandalen an. Wenn
Sie weiter experimentieren, werden Sie feststellen, daß Ihre neue
Berufskleidung auch Möglichkeiten bietet, die weit über Ihren
Arbeitsalltag hinausgehen.

Wenn Sie eine komplette Garderobe zusammenstellen, ist das
Wichtigste, daß alle Einzelteile zueinander passen. Wählen Sie
eine Farbpalette und versuchen Sie, sich innerhalb dieses Spektrums zu bewegen.

Neulich kam zum Beispiel eine Frau zu mir, die ein paar Kleidungsstücke, ein oder zwei Kostüme beziehungsweise Kleider,
einen Mantel und genügend Oberteile kaufen wollte, um alles
miteinander zu kombinieren. Wir begannen damit, daß wir den
richtigen Mantel entdeckten – einen burgunderfarbenen wattier-
ten Mantel, der ihr unglaublich gut gefiel, obwohl sie in einer
Million Jahre nicht gedacht hätte, daß sie diese Farbe tragen
würde. (Daran sehen Sie, daß es sich lohnt, hin und wieder etwas
Neues auszuprobieren!) Als nächstes gab ich ihr ein graues Flanellkostüm und ein schokoladenbraunes Top für darunter. Das
zweite Kostüm, das wir fanden, war braun, und sie probierte es
mit einem sehr hellen blauen Pullover an. Das Schöne daran war,
daß aber auch das braune Oberteil und ein schwarzes, das sie
bereits zu Hause hatte, dazu paßten. Das letzte Stück, das sie
kaufte, war ein kurzes weinrotes Strickkleid, das mit dem Mantel oder der grauen Kostümjacke darüber toll aussah. So hatte sie

am Schluß eine ziemlich farbenfrohe Garderobe beisammen – braun, grau und burgunderrot, akzentuiert mit einem Hauch von Hellblau –, aber alle diese Stücke ließen sich kombinieren, und so entstand aus wenigen Teilen eine sehr tragbare Grundausstattung.

Kommen wir jetzt zu den Dingen, die Sie ergänzen möchten, sobald Sie Gelegenheit hatten, mit Ihren ersten Einkäufen eine Weile zu spielen (und genügend Zeit, um die Kreditkartenrechnung zu begleichen, die bei Ihrer ersten Einkaufstour aufgelaufen ist). Für besondere Anlässe im Berufsleben, Cocktailparties oder auch eine Verabredung zum Abendessen ein schlichtes schwarzes, ärmelloses Kleid zu empfehlen, mag hoffnungslos nach Klischee klingen, aber es ist wirklich die beste Investition für all diese Anlässe. Sehen Sie sich nach einem Kleid aus leichtem Wollcrêpe, Jersey oder Gabardine um, das Sie praktisch ganzjährig tragen können. Man kann es mit kurzer oder langer Perlenkette, einem Chiffonschal aufputzen oder es – legerer – mit einer Kostüm- oder Strickjacke tragen. Das mag jetzt sehr langweilig klingen, aber es kommt wirklich ganz darauf an, wie Sie es tragen. Wenn Ihr Ziel ist, eine Grundgarderobe zusammenzustellen, dürfen Sie sich nicht von zu vielen »Eintagsfliegen« verlocken lassen. Bei einem begrenzten Budget wäre es nicht klug, sein Geld für Stücke auszugeben, die schnell veralten.

Damit Sie Ihrer neuen Basics nicht zu schnell überdrüssig werden, sollten Sie sich, wann immer Sie es sich leisten können, erlauben, ein paar Sachen, die Ihnen Spaß machen, zu ergänzen. Das kann etwas frische Farbe oder hin und wieder ein hoffentlich preiswertes modisches Teil sein. Nur für den Fall, daß Sie jetzt glauben, ich würde mir selbst widersprechen (weil ich eben noch gesagt habe, daß Sie nicht einen Haufen modisches Zeug kaufen sollen), kann ich Sie beruhigen. Ich versuche nur, Ihnen einige Prinzipien beim Kauf von Kleidern nahezubringen, die Ihnen helfen, ein Leben lang klug einzukaufen. Ich würde Ihnen vorschlagen, ein bißchen Farbe hinzuzufügen – beispielsweise ein kräftiges Rot (fast jedem steht Rot gut) oder ein kräftiges Dunkelgrün –, und zwar in kleinen Dosen, etwa einen Pullover, ein Seidenhemd, eine Handtasche oder einen Schal. Und wenn Ihr Geschmack nicht von Natur aus ultrakonservativ ist, wird Ihnen das Aufgreifen von einem bis zwei Trends pro Saison helfen, up to date auszusehen und sich auch so zu fühlen. Indem Sie nur ein paar modische Stücke dazunehmen – eine Hüfthose, etwas aus glänzendem High-Tech-Material oder eine ungewöhnliche Rockform oder -länge – verdammen Sie sich nicht selbst zu einer Garderobe, die Sie jedes Jahr von Grund auf erneuern müssen. Die Basis kann dieselbe bleiben, während modische Extravaganzen mit den Trends und Ihrer Stimmung dazustoßen und wieder verschwinden.

Der Mantel-Schrank

Wenn Sie darüber nachdenken, Ihre Mantelkollektion von Saison zu Saison zu erweitern, sollten Sie die folgenden Stilrichtungen als tragende Elemente in Betracht ziehen.

Stoffmantel: Er sollte für Sie absolute Priorität haben. Und da dies wahrscheinlich der Mantel ist, den Sie am häufigsten tragen (über Kostümen, Kleidern, zu Hosen oder bei festlichen Anlässen), sollten Sie in ein Modell in einer neutralen Farbe (schwarz, beige, braun, grau, marine) investieren, das auch groß genug ist, um über eine Jacke zu passen und lang genug, um zumindest die meisten, wenn nicht all Ihre Röcke und Kleider zu bedecken.

Daunenmantel: Wenn Sie in einem kühlen Klima leben, werden Sie einen Mantel brauchen, der Sie auch bei extremem Frost wärmt. Der Vorteil von Daunen ist, daß sie warm, aber zugleich extrem leicht sind.

Lammfellmantel: So ein Mantel ist zwar eine große Investition, aber er wird sie auch durch viele kalte Winter begleiten. Eine 7/8-Länge, die knapp über das Knie reicht, ist am vielseitigsten.

Cabanjacke: Ein perfekter Freizeitmantel, der über Jeans und einem dicken Pullover genauso gut aussieht wie über schwarzen Strümpfen und Minirock.

Übergangsmantel: So ein Mantel ist ein tolles Extra. Er ist meist aus leichterem Material gefertigt und eignet sich besonders für den Frühling oder wärmere Gefilde.

Gefütterter Regenmantel: Wahrscheinlich der klügste Kauf, den Sie in Sachen Mäntel tätigen können. Den Regenmantel können Sie ohne Futter über einem Stoffmantel tragen, um diesen bei Regen oder Schnee zu schonen. Mit Futter tragen Sie den Regenmantel bei extrem niedrigen Temperaturen. Wenn Sie einen alten Pelzmantel haben, den Sie nicht mehr tragen, lassen Sie doch einen wasserdichten Stoff darübernähen, und machen Sie einen luxuriös gefütterten Regenmantel daraus.

Pelz: Er gilt immer noch als der ultimative Luxus. Aber Sie müssen sich nicht gleich einen ganzen Mantel zulegen, um ein bißchen was davon zu genießen. Sehen Sie sich nach einem pelzgesäumten Stoffmantel, einer Pelzkappe oder Ohrenschützern aus Fell um.

Kunstpelz: Da immer mehr Designer mit falschen Pelzen arbeiten, werden diese zunehmend zu einer interessanten Investition. So ein Pelz wirkt jünger und witziger als echter und paßt zu allem – von der Jeans bis zum Abendkleid.

Double-face-Mantel: Dieser Mantel bedeutet wieder ein bißchen Luxus in Ihrer Mantelkollektion (achten Sie auch hier auf Schlußverkäufe). Egal wie er geschnitten ist – doppelseitige (ungefütterte) Wolle ergibt einen wunderbar weichen, leichten Mantel.

Wenn Sie Ihre Einkaufsaktion im Herbst beginnen (und seien wir realistisch, es lohnt sich eher, in Herbst- und Winterkleidung zu investieren als in kurze Sommerkleidchen), dann müssen Sie wahrscheinlich etwas von Ihrem Budget für einen Mantel reservieren. Das ist eine größere Ausgabe, deshalb sollten Sie mit Bedacht vorgehen. Gemäß unseres Einkaufskonzepts sollten Sie nach etwas Klassischem suchen – alles extrem Modische würde passé wirken, noch bevor Sie in der nächsten Saison die Mottenkugeln herausgenommen hätten. Denken Sie auch daran, daß dies ein Kleidungsstück ist, das Sie einige Monate lang fast täglich tragen werden. Mit anderen Worten, wählen Sie etwas, das Sie nicht schon in kürzester Zeit satt haben. Denken Sie daran, bevor Sie sich in einen rosarotkarierten Dufflecoat verlieben. Sicher sieht er jetzt witzig aus, aber stellen Sie sich vor, wie Sie ihn Mitte März zum 110. Mal anziehen, und fragen Sie sich, ob Sie ihn dann immer noch lieben werden. Überlegen Sie auch, was Sie in diesem Mantel alles tun müssen. Fahren Sie täglich zur Arbeit und zurück? Wenn Sie mit dem Auto unterwegs sind, sollten Sie einen Mantel wählen, mit dem Sie problemlos ein- und aussteigen können. Oder fahren Sie mit der Bahn oder U-Bahn? Dann entscheiden Sie sich wahrscheinlich am besten für eine dunkle Farbe, die weniger schmutzempfindlich ist.

Die gute Nachricht ist, daß die Einstellung zu Mänteln sehr viel lockerer geworden ist. Es gibt keine wirklich strengen Vorschriften mehr darüber, welche Art von Mantel welchem Anlaß angemessen ist. Zum Beispiel habe ich neulich eine Frau gesehen, die ihr Kind zur Schule brachte. Sie trug einen sehr luxuriösen langen Nerz über Jeans und Rollkragenpulli, dazu leichte Slipper. Sie wird denselben leichten, wunderschönen Nerzmantel über einem Abendkleid und vielleicht auch über einem

Kostüm tragen, wenn sie geschäftlich unterwegs ist. Wir können Mäntel nicht mehr kategorisieren, und was für diejenigen, die eine größere Investition machen, noch besser ist: Schnitt und Stil ändern sich nicht radikal von Jahr zu Jahr. Natürlich kommen und gehen modischere Mäntel – Prada brachte vor einiger Zeit den schmalen figurbetonten Wintermantel zurück, ein paar Jahre vorher haben schicke junge Mädchen die Second-Hand-Läden auf der Suche nach den dicken falschen Pelzmänteln gestürmt. Die meisten schlichten Schnitte, vom Balmacaan bis zum Parka geraten selbst nach ein oder zwei Saisons nicht aus der Mode.

Ihre Mantel-Grundgarderobe (und es lohnt sich, eine Kollektion aus verschiedenen Stücken aufzubauen, die sich in Machart und Gewicht unterscheiden) kann einige klassische Formen enthalten, mit denen Sie für jedes Wetter und alle Gelegenheiten gerüstet sind. Es ist wirklich unmöglich, mit nur einem Mantel auszukommen. Schließlich ziehen Sie fast an jedem Tag Ihres Lebens einen an. Aber egal, wie groß der Geldbeutel ist – niemand wird loslaufen und sich vier Mäntel auf einmal kaufen. Dies ist eine der Gelegenheiten, wo ich sehr empfehle, auf Schlußverkäufe zu achten. Sie können am Ende der Saison großartige reduzierte Mäntel finden, die im Gegensatz zu manch anderen Sachen dann noch nicht veraltet aussehen. Kaufen Sie einen, der Ihnen gefällt, insbesondere wenn es sich um ein originelles Exemplar handelt, im Ausverkauf und heben Sie ihn für nächstes Jahr auf. Das halte ich für eine gute Investition.

Von wem ist denn das?

Sobald Frauen es sich leisten können – und manchmal auch schon vorher –, sind sie von Designerlabels besessen. Ich kann Ihnen gar nicht sagen, wie oft am Tag ich jemand etwas zum Anprobieren gebe, und die ersten Worte aus dem Mund der Kundin sind: »Von wem ist denn das?« Normalerweise geht dem noch die Versicherung voraus, daß die Dame sich wirklich nicht um Designer schert und normalerweise nicht einmal hinguckt, aber nur so aus Neugier … Ja, von wegen! Diese Frauen sind Marken-Käuferinnen, und das passiert nicht nur bei Haute Couture. Es gibt Frauen, die von preiswerteren Marken wie Benetton oder Betty Barclay genauso abhängig sind wie andere von Chanel oder Armani. Es kommt mir vor, als sei der Satz »Von wem ist denn das?« zu einer Art Einkaufs-Mantra geworden.

Ich denke, Frauen betrachten diese Labels irgendwie als eine Versicherung. Das Chanel-Kostüm wird zu einer Art Rüstung – nichts kann einem etwas anhaben (und man ist nie *falsch* angezogen), wenn man es anhat. Manche Frauen sind so unsicher, was die Wahl ihrer Kleider angeht, daß sie wirklich das Gefühl haben, etwas tragen zu müssen, das geradezu schreit »Ich bin ein Designer-Stück!« Es ist eine Schande, daß so viele Frauen sich selbst zu solchen Abziehbildern machen. Ich glaube, daß nur sehr wenige einen wirklich eigenen Stil haben. Alle heutigen Models und Schauspielerinnen sehen mehr oder weniger gleich aus. Wir leben in einem Zeitalter des Klonens: Zu viele modebewußte Frauen versuchen heute verzweifelt, gleich auszusehen.

Warum scheinen wir, was Designerlabels angeht, alle eine Gehirnwäsche hinter uns zu haben? Die Manie greift immer mehr um sich – schon kleine Kinder kennen Calvin Klein und Tommy Hilfiger. Teenager sind schon genauso markenbewußt wie ihre Eltern, wenn nicht noch mehr. Jedes Kleidungsstück hat inzwischen ein Logo, egal, ob man bei Gucci, im Kaufhaus oder bei einem Straßenhändler kauft – und die Leute wollen diese Etiketten. Das ist eine Methode geworden, die Sachen zu kategorisieren. Wenn Sie etwas finden, das Ihnen gefällt – wo Qualität, Schnitt und Preis stimmen –, wollen Sie den Namen des Herstellers wissen, weil Sie wieder etwas von ihm kaufen möchten. Verständlicherweise sind Frauen sehr markentreu, wenn ihnen etwas paßt, egal, ob es sich dabei um Unterhosen, BHs, Hosen oder Jacketts handelt.

Zweifellos bedeutet es eine gewisse Sicherheit, einen »Namen« zu kaufen – das kann Ralph Lauren sein oder die Qualitätsmarke eines guten Kaufhauses. Sie haben das Gefühl, zusammen mit dem Label eine bekannte Größe zu erwerben. Nach meinem Dafürhalten geht aber diese Obsession, wissen zu wollen, wessen Name auf jedem Label steht, noch darüber hinaus. Etwas davon ist Neugier, und diese Neugier hat ihren Ursprung im Preis. Sagen wir, Sie finden ein Jackett, das Ihnen gefällt, dann schauen Sie auf das Preisschild und sehen, daß es sehr teuer ist. Was Sie als nächstes tun – als Hilfe bei der Entscheidung, ob es diesen Betrag wert sein könnte –, ist der Blick aufs Etikett, um zu sehen, von wem es ist. Dann läuft folgender Denkprozeß ab: Wenn auf dem Etikett Designer X oder Marke Y steht, überlegen Sie vielleicht: Okay, ich bekomme etwas für mein Geld, denn von diesen Sachen habe ich Gutes gehört, oder: mit dieser Marke war ich bisher immer zufrieden. Wenn Sie einen Namen entdecken, den Sie kennen, gibt Ihnen das die Gewißheit, sich gut anzuziehen. Das ist auch der Grund dafür, warum so viele Designer abgesehen von ihren hochpreisigen Kollektionen ihr Logo oder ihre Initialen für preiswertere Kleidung, Wäsche oder Handtaschen hergeben. Unabhängig vom Preisniveau hat die Kundin so das Gefühl, mit diesem berühmten Namen zugleich ein bißchen Prestige gekauft zu haben.

Was bekommen Sie, abgesehen von der Sicherheit und vielleicht dem aufregenden Gefühl, ein Designerstück zu besitzen, wenn Sie in ein Teil mit hohem Preis und großem Namen investieren? Manchmal nicht viel. Ich sehe Kleider, die wie Müll aussehen – schlecht genähte Säume, überall heraushängende Fäden, billige Stoffe – und zwar in jeder Preislage. Jede Kleidung ist heutzutage teuer, und ein höherer Preis garantiert nicht immer besseren Stoff, eine hochwertigere Verarbeitung oder eine bessere Paßform.

Wenn Sie bereit sind, in die Chefetage aufzusteigen (oder zumindest so aussehen wollen, als würden Sie dorthin gehören), ist es Zeit, Ihre Grundgarderobe um ein paar luxuriösere Stücke zu ergänzen. Das sind meine Favoriten unter den Sachen, die Ihnen die meisten Zinsen einbringen werden.

◆ Ein untaillierter Mantel: So ein weiter, einreihiger Mantel im Herrenstil ist wesentlich vielseitiger als ein schmal geschnittener. Suchen Sie nach einem aus luxuriösem Kaschmir oder einer Kaschmir-Woll-Mischung. Probieren Sie ihn unbedingt über einer Kostümjacke an, denn dieser Mantel soll sich für den Berufsalltag ebenso eignen wie zum Ausgehen am Abend.

◆ Ein gutes Kostüm in einem dunklen Farbton: Investieren Sie in eines mit einreihiger Jacke, weil das nicht nur den meisten Frauen besser steht, sondern auch nicht so modisch auffällig ist wie andere Schnitte. Suchen Sie nach einem Kostüm aus leichtem Wollgabardine, das Sie das ganze Jahr über tragen können.

◆ Wildlederjacke: Die meisten Leute schrecken vor Wildleder ein bißchen zurück (obwohl sie es gleichzeitig mehr begehren als vieles andere). Wenn Sie sich für ein ungefüttertes Modell entscheiden, können Sie es als Hemd oder Jacke (drinnen und draußen) bei der Arbeit und in Ihrer Freizeit tragen.

◆ Regenmantel in A-Form: Im Winter tragen Sie ihn mit Futter, im Sommer nehmen Sie dieses heraus und benutzen nur die wasserdichte Oberschicht als Regenschutz. Das ist ein Mantel für jedes Wetter und alle Jahreszeiten. Achten Sie darauf, daß er lang genug ist, so daß Sie ihn über Ihren längsten Kleidern und Röcken tragen können. Und nehmen Sie einen ohne Gürtel, weil man dann leichter ein Jackett darunter anziehen kann.

◆ Ein weiter Pullover: Auch wenn modische Pullover kommen und gehen, ein toller, weitgeschnittener Pullover aus dem luxuriösesten Material, das Sie sich leisten können, ist immer eine gute dauerhafte Investition.

◆ Ein leichter, langärmeliger Body: Es gibt sie in allen Preislagen – von The Gap bis Wolford –, aber sie sind in jedem Fall eine Investition, die sich bezahlt macht. Ein Body ist auf Reisen perfekt und paßt großartig unter Strickjacken, Pullover, Jacketts oder solo zu Jeans.

◆ Eine Lederhandtasche: So modisch Nylon-Rucksäcke (zum Beispiel von Prada) auch sein mögen, von einer qualitativ hochwertigen Lederhandtasche hat man ein Leben lang etwas. Mein Rat: Kaufen Sie eine Imitation des Marken-Rucksacks und stecken Sie echtes Geld in echtes Leder.

◆ Ein Seidentuch: Hermès ist hier der Klassiker – und das aus gutem Grund. Ein großes Seidentuch kann die Wirkung eines Outfits schneller verändern als alles andere. Sammeln Sie solche Tücher, experimentieren Sie mit ihnen, genießen Sie sie.

Wenn Sie sich zwei Baumwoll-T-Shirts ansehen – eines von The Gap, eines vom Designer XY –, werden Sie dann entscheidende Unterschiede in Qualität und Verarbeitung erkennen? Wahrscheinlich nicht. Das Designerstück ist vielleicht aus feinerem, weicherem Material oder ist vielleicht in den Details etwas raffinierter (Knöpfe, Aufschläge usw.), aber wahrscheinlich wären nur wenige Leute in der Lage, einen Unterschied zu erkennen, sobald Sie es unter einer Kostümjacke tragen.

Ich denke, die Unterschiede sind sehr viel offensichtlicher (und in vielen Fällen ihr Geld wert), wenn es um Kleidung aus luxuriösem Material geht. Ja, teurer Kaschmir fühlt sich besser an, bleibt besser in Form und ist langlebiger als die günstigere Variante (mehr zum Thema Kaschmir in Kapitel 6). Selbst manche Designer-Wolle fühlt sich sehr viel besser an als preiswertere Stricksachen. Die qualitativ hochwertige Merinowolle kann im Vergleich zu kratzigeren Wolle-Acryl-Mischungen fast so weich wie Kaschmir sein. Hochwertiges Leder und Wildleder fühlen sich äußerst geschmeidig und butterweich an, verglichen mit minderwertigeren Häuten, die eher steif sind. Sie fühlen den Unterschied und können die Güte von Wildleder auch auf einfache Weise testen: Reiben Sie mit der Hand über etwas aus Wildleder – Handschuhe, eine Jacke oder Handtasche –, und überprüfen Sie, ob ein Rest Farbe an Ihrer Hand bleibt. Solches Abfärben verliert sich auch mit der Zeit nicht. Bei Wildleder können Sie im allgemeinen am Preis ablesen, ob es sich um gute Qualität handelt. Halten Sie sich an die bekannten Hersteller, statt nach No-Name-Schnäppchen zu greifen. In diesem Fall lohnt es sich, Ihre Geldbörse ein bißchen weiter aufzumachen und das Beste, was Sie sich leisten können, zu kaufen.

Der andere Grund, weshalb Modeexpertinnen darauf schauen, was die Designer machen, ist, weil sie allgemeine Trends und Stilrichtungen der kommenden Saisons abschätzen wollen. Über den Laufsteg eines Designers kommen die Neuigkeiten – heiße

Schnitte, Farben und Stoffe für die nächste Saison. Vor vielen Jahren war die einzige Möglichkeit, solch topaktuelle Mode zu bekommen, ein echtes Stück davon zu kaufen, eine Schneiderin zu finden, die die neuesten Looks kopieren konnte oder in einen Laden wie den alten Orbachs zu gehen, wo man exakte Kopien der europäischen Designer-Kollektionen produzierte. Heutzutage sickern die großen Trends aus den Shows in Mailand, Paris und New York vorab schon zum Mainstream durch und werden praktisch bei The Limited verkauft, bevor die Models vom Laufsteg steigen!

Ich finde es phantastisch, daß Sie absolut kein Vermögen hinblättern müssen, um modisch auf dem laufenden zu bleiben. Aber das soll nicht heißen, daß man nicht immer noch von den Designern lernen könnte. Wenn Sie es sich nicht leisten können, sich mit einem Designer-Stück zu verwöhnen, gönnen Sie sich wenigstens einen Besuch der Designer-Etage in einem guten Kaufhaus. Fühlen Sie sich nicht eingeschüchtert, nur weil Sie wissen, daß Sie nicht vorhaben, etwas zu kaufen. Machen Sie einfach einen Rundgang und schauen Sie sich an, was zu haben ist. Befühlen Sie die Stoffe, sehen Sie sich die Schnitte der Jacken an, achten Sie auf die Länge der Röcke und darauf, welche Farben Akzente setzen. Egal ob Sie danach zu den Billig-Labels derselben Designer oder in einen Discount-Laden wie Target gehen – nutzen Sie diese Informationen, um sich die besten Outfits der Saison herauszupicken.

Und noch etwas sollten Sie beim Einkaufen berücksichtigen – ich kann es gar nicht genug betonen: Sie müssen heute nicht mehr nur für eine Saison einkaufen. Ich meine das wirklich ernst. Wenn Sie überlegt wählen – und das ist ganz unabhängig vom Preisniveau –, ist heute in der Mode alles erlaubt. Der kleine runde Kragen ist nicht out, nur weil der spitze in ist. Der spitze Kragen ist nicht out, nur weil der runde Ausschnitt in ist. Wenn Sie sich eine Garderobe aus Teilen zusammenstellen, die Ihnen gefallen und von denen Sie den Eindruck haben, daß sie Ihnen stehen, werden sie nicht in der nächsten Saison ein alter Hut sein – vielleicht noch nicht mal in der übernächsten. Und wenn Sie irgend etwas in Ihrem Kleiderschrank ein bißchen satt haben, legen Sie es für eine Weile beiseite. Wenn Sie es dann wieder hervorholen, wird es oft noch sehr gut aussehen und Ihnen vielleicht fast neu erscheinen, und Sie werden sich darauf freuen, es wieder anzuziehen. Wenn Ihnen das passiert, *wissen* Sie, daß Sie einen guten Kauf getätigt haben.

Einzelne Körperteile anziehen

Ich habe Kundinnen im Alter zwischen 18 und 80 und in allen Größen zwischen 34 und 54. Ich habe schon erlebt, wie die gleiche Seidenhose von einer Frau für eine Abendgesellschaft und von einer anderen als Strandkleidung gekauft wurde. Der richtige Mensch, so einer wie Betty, kann einer Frau helfen, sich ganz anders zu sehen, als sie sich bisher selbst wahrgenommen hat.

Michael Kors, Designer

»Ich hasse meine Haare«

»Mein Bauch steht so vor«

»Ich verabscheue meine Beine!«

»Meine Hüften sind zu breit!«

Ein entscheidender Aspekt bei der Zusammenstellung einer Grundgarderobe – die im Idealfall mit Ihnen wachsen und reifen sollte – ist, herauszufinden, wie Sie Ihren Körper am besten zur Geltung bringen. Wenn Ihnen das nicht gelingt, können Sie die schönsten Kleider der Welt kaufen und trotzdem am Ende mit einem Schrank voller Sachen dastehen, die Sie immer wieder anprobieren und sich dann nach einem Blick in den Spiegel wieder vom Leib reißen und in den

Schrank zurückstopfen. Es ist mir egal, ob Sie Größe 34, 44 oder 54 haben, denn jede Frau glaubt, daß Sie ein Figurproblem hat. Ich habe noch keine Frau erlebt, die in mein Ankleidezimmer gekommen wäre und gesagt hätte: »Wow, ich sehe toll aus! Mir paßt immer alles wie angegossen!« Wenn es um weibliche Problemzonen geht, könnte ich Ihnen eine anatomische Zeichnung machen und sie komplett durchgehen. Ich bekomme von »Ich hasse meine Haare« über »Mein Bauch steht so vor« und »Meine Hüften sind zu breit« bis zu »Ich verabscheue meine Beine« alles zu hören. Ich denke, hier liegen die Gründe dafür, daß wir alle nach Kleidern suchen, die unsere sogenannten Problemzonen verstecken und unsere Unsicherheiten verhüllen. Ich sehe es jedoch so: Wenn ich eine Frau einkleide – egal ob sie Größe 54 oder 34 trägt –, dann ziehe ich in Wirklichkeit ihre Persönlichkeit an. Die Kleidung kaschiert nur oder schmeichelt dem, was sich darunter befindet.

Ich glaube, daß wir uns, was Körperformen angeht, in einer neuen Phase der Evolution befinden. Am einen Ende des Spektrums steht die Tatsache, daß ein zunehmender Prozentsatz der amerikanischen Frauen deutlich übergewichtig ist. Und am anderen Ende stehen die Legionen von Frauen, die auf Teufel komm raus Sport treiben. Sie sind vielleicht dünn, aber sie entwickeln breitere Schultern, größere

Bizepse und muskulösere Oberschenkel. Leider nehmen Designer auf keinen dieser beiden Umstände Rücksicht, wenn sie Kleider entwerfen. Folglich müssen viele Frauen ihre Größen ändern. Und wenn Ihnen das schon einmal passiert ist, wissen Sie, wie hart das sein kann. Sie glauben, für immer eine perfekte Größe 38 behalten zu können und müssen plötzlich zu 40 wechseln. Ich versuche meinen Kundinnen einzubleuen, gar nicht darauf zu achten, welche Größe im Etikett steht, denn der Sitz ist viel wichtiger. Denken Sie auch daran, daß Sie schließlich die einzige sind, die die Größe kennt. Es ist ja nicht so, daß Sie mit einem großen Schild auf dem Rücken herumlaufen, auf dem »Größe 44« steht. Was allerdings jeder sieht, ist, wie Ihnen die Kleidung paßt. Und glauben Sie mir (und Ihrem Spiegel), ein Kleidungsstück, das richtig sitzt, wird Ihnen weit mehr schmeicheln als eines, das eine kleinere Größe auf dem Etikett stehen hat, Ihnen aber zu klein ist.

Auch wenn jede Frau davon überzeugt ist, daß sie Probleme hat, etwas Passendes zu finden, so ist es doch die mollige Frau, die es am schwersten hat, etwas zum Anziehen aufzutreiben. Die heutige Mode ist zugegebenermaßen nicht auf die üppige Frau zugeschnitten, aber es gibt immer irgend etwas. Diese Kundin muß – wie jede andere auch – lernen, Sachen zu kaufen, die ihr stehen. Und sie muß herausfinden, wie sie diese miteinander kombinieren kann, um mehr Outfits für ihr Geld zu bekommen. Sie müssen in so einem Fall bereit sein, eine Menge Dinge anzuprobieren. Reden Sie sich bloß nicht ein, Sie könnten nur Röcke mit einem bestimmten Schnitt oder Kleider einer einzigen Machart tragen. Ich bringe Kundinnen manchmal Sachen, bei deren Anblick sie geradezu in Panik geraten: »Oh, Betty, ich kann das nicht einmal anprobieren. Ich weiß, es wird schrecklich an mir aussehen.« Wie oft sie sich aber dann in das, was sie im Spiegel sahen, verliebt haben, nachdem ich sie dazu überredet hatte, einfach mal hineinzuschlüpfen, kann ich Ihnen gar nicht sagen.

Es gibt keine magische Formel, die Ihnen ein schlankes neues Aussehen garantiert. Die Einstellung und das Selbstvertrauen, mit dem Sie Kleider tragen, spielen sicher eine Rolle. Denn es ist egal, was ich einer Frau mit Größe 46 anziehe, ich kann nie bewirken, daß es wie Größe 36 aussieht. Sie müssen lernen, sich in Ihrer eigenen Haut wohl zu fühlen und sich entsprechend anzuziehen. Manche Frauen lieben es, sich hinter vielen lockeren Stoffschichten zu verstecken. Dagegen besteht eine meiner Kundinnen (sie schwankt zwischen Größe 46 und 48) darauf, daß alles auf Figur geschnitten ist – sie steckt alle ihre Blusen in den Bund und trägt Gürtel. Und ich sage: schön für sie. Es ist nicht so, daß sie irgend jemand etwas vormacht. Was da ist, ist da. Und Sie sollten wirklich überwinden, was ich »das 2-Kilo-Syndrom« nenne. Jeden Tag sehe ich Frauen, die sich bei der Anprobe in zu enge Kleider zwängen und behaupten, daß sie sie tragen werden, sobald sie zwei Kilo abgenommen hätten. So sollten Sie absolut nie Kleider kaufen. Kaufen Sie Sachen, die dem Körper, den Sie *jetzt* haben, schmeicheln. Wenn Sie das »Ich werde 2 Kilo abnehmen«-Kleid mit nach Hause nehmen, hängt es in Ihrem Schrank herum – Sie werden noch nicht einmal das Preisschild abmachen – und ist ein ständiger Vorwurf an Sie, endlich hineinzupassen. Wenn Sie Gewicht zugelegt haben (und wirklich vorhaben, es bald wieder zu verlieren), sollten Sie trotzdem in den sauren Apfel beißen und die größere Größe nehmen. Falls Sie tatsächlich wieder abnehmen, können Sie das Kleidungsstück immer noch enger machen und Ihrem neuen, dünneren Körper anpassen lassen.

Mode für große Größen – Märchen und Tatsachen

Märchen: In einem Blazer wirke ich schwerer.
Tatsache: Eine gerade geschnittene, kastenförmige Jacke würde Sie voluminös aussehen lassen, aber eine lange, weich auf Figur geschnittene wird Ihnen schmeicheln.

Märchen: Meine Hüften sind in allen Hosen so breit wie ein Haus.
Tatsache: Hosen mit klaren Linien (keine Falten, keine Taschen) machen schlank.

Märchen: Ich muß dunkle Farben tragen, um meine Schwächen zu verbergen.
Tatsache: Schwarz oder andere dunkle Farben lassen Sie schlanker aussehen, aber Farbe – und sei es auch nur als kleiner Akzent – macht Sie hübscher.

Märchen: Ein elastischer Bund ist nur der allerletzte Ausweg, wenn sonst gar nichts paßt.

Tatsache: Ein elastischer Rock- oder Hosenbund mit einem längeren Oberteil darüber sorgt für einen schlanken optischen Eindruck, weil der Stoff rundherum gleichmäßig fällt, ohne irgendwo zu spannen.

Märchen: Streifen und Muster sollte man meiden wie die Pest.

Tatsache: Bewerten Sie jedes Kleidungsstück für sich. Nicht alle Streifen lassen Sie fett aussehen, so wie nicht jedes schwarze Kleid Sie dünn macht. Und ja, im allgemeinen kann man sagen, daß vertikale Nadelstreifen Ihre Erscheinung strecken (erwarten Sie nur keine Wunder).

Märchen: Je mehr ich mich bedecke, desto besser verstecke ich mein Übergewicht.

Tatsache: Ein bißchen Haut zu zeigen, wirkt bei jeder Frau feminin und sexy. Probieren Sie mal einen V-Ausschnitt, der ein bißchen von Ihrem Brustansatz sehen läßt, oder vielleicht ein schulterfreies Abendkleid mit einem Chiffonschal, den Sie sich um den Hals schlingen.

Wenn Sie ein bißchen kaschieren und Ihrer Figur schmeicheln wollen, sollten Sie auf die Stoffe achten. Ich glaube, daß der richtige Stoff eine Frau aussehen lassen kann, als hätte sie 5 Kilo abgenommen. Üppigere Frauen (und alle, die breite Hüften oder einen großen Busen kaschieren wollen), sollten die Finger lassen von wirklich steifen Materialien, die die Kleidung extrem strukturiert aussehen lassen und sich auch so anfühlen. Diese Konturierung erzeugt Masse und betont alle Regionen, die Sie unbedingt überspielen wollen. Machen Sie die Probe aufs Exempel, indem Sie einen steifen Organzarock oder einen schweren, gestärkten Baumwollrock anprobieren. Danach ziehen Sie einen Rock mit demselben Schnitt, aber aus weichem, fließendem, eventuell sogar transparentem Stoff wie Seide, Chiffon, Samt oder leichtem Baumwollcrêpe an. In letzteren sehen Sie viel besser aus, richtig? Das liegt daran, daß allen weicheren Materialien eine Art Bewegung innewohnt. Sie umfließen den Körper und schmiegen sich an, ohne zu kleben, so daß Sie sich darin weiblich und sexy fühlen. Bestimmte Schnitte (besonders wenn sie aus den richtigen Stoffen gemacht sind) haben denselben Effekt.

Jede Form, die ein bißchen schwingt, ist für eine stärkere Figur oder eine Frau mit breiteren Hüften sehr schmeichelhaft, Kleider in A-Form oder glockige Mäntel beispielsweise. Es ist ein tolles Gefühl, zu spüren, wie Ihre Kleidung beim Gehen um Sie herum schwingt.

Frauen, die große Größen tragen, haben aber kein Monopol auf Tricks, um zu kaschieren oder ihre Figur optisch zu korrigieren. Da ich in meinem Ankleideraum täglich Frauen aller Grö-

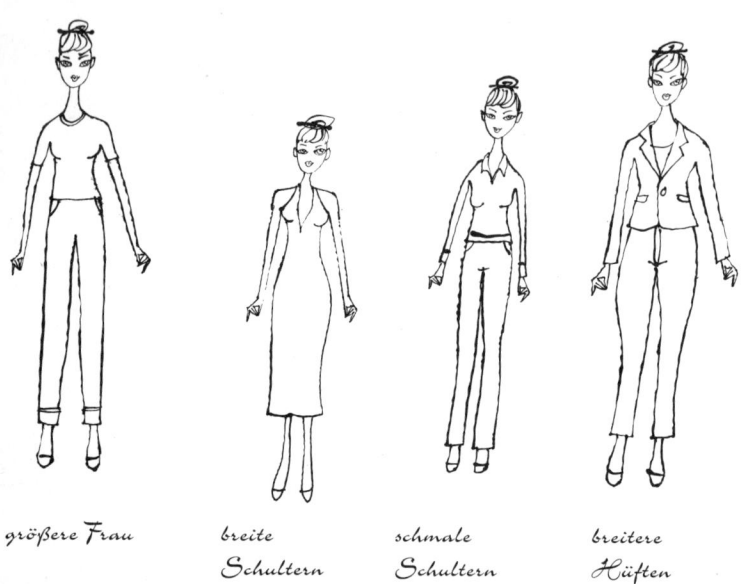

größere Frau   breite   schmale   breitere
Schultern   Schultern   Hüften

ßen, Figuren und Proportionen begegne, habe ich im Laufe der Jahre verschiedene kleine Listen entwickelt, die mir helfen, jede Schwäche zu mildern (selbst solche, die primär im Kopf der Kundin existieren). Und das führt immer wieder zum Spiegel zurück. Sie müssen sich ihm wirklich ehrlich und objektiv stellen, wenn Sie sich einkleiden; versuchen Sie aber auch, nicht zu besessen von dem zu sein, was Sie da zu sehen bekommen. Ich höre jeden Tag eine Litanei von Dingen, die Frauen hassen: ihre Ellbogen, ihre Kniekehlen, ihren Nacken, ihren Rücken, ihre Tränensäcke, die Falten um ihren Mund, die Adern auf ihren

Händen oder Beinen, Sommersprossen … die Liste ist unendlich. Ich kann lediglich versuchen, sie abzulenken, und genau das müssen Sie auch tun. Lenken Sie sich selbst ab, indem Sie sich in Dinge kleiden, die die Aufmerksamkeit weg von Ihren Schwächen und hin zu Ihren Stärken lenken.

Ich hatte mal eine Kundin, die in einem Kostüm mit einer reverslosen Jacke, die sie bis oben hin zugeknöpft hatte, zu mir kam. Sie hatte einen großen Busen, und weil alles so zugedeckt war, erschien sie extrem schwer. Ich warf einen Blick auf sie und dachte mir, nur mit Glück werde ich etwas in Größe 44 finden, das ihr paßt. Das Erstaunliche war jedoch, daß ich in dem Moment, als sie sich auszog, sah, daß sie kein bißchen dick war. Sie hatte eine tolle Rubens-Figur mit einem sehr üppigen Dekolleté. Je nachdem, wie sie sich anzog, konnte sie entweder schwer und bullig wirken oder viel schlanker, aber immer noch kurvenreich. Ich redete ihr das hochgeschlossene Jackett aus und steckte sie in ein einreihiges, das die Taille leicht betonte und einen V-Ausschnitt hatte. Sie sah phantastisch aus. Ich schwöre, daß sie darin fünf Kilo leichter wirkte!

Wenn Sie sich zum Ausgehen schön machen, ist es besonders sexy, auf einen tiefen Ausschnitt zu achten. Wenn Sie nicht zuviel Dekolleté zeigen wollen, suchen Sie sich ein Top, das Ihren Busen vollständig bedeckt, aber nicht mehr. Wenn Sie versuchen, Ihre Figur vollkommen zu verbergen, werden Sie sehr viel schwerer und formloser wirken, und das ist ja nicht gerade erstrebenswert.

Was eine Frau mit einem großen Busen vermeiden sollte, ist eine schrecklich auseinanderklaffende Bluse (selbst zierlicheren Frauen passiert das oft). Wie oft haben Sie schon eine Frau gesehen, bei der eine riesige Lücke zwischen zwei Knöpfen den Blick auf ihren BH freigab? Es ist wirklich schlimm, daß Frauen so herumlaufen. Sie denken vielleicht, daß das schon niemand sehen wird, weil Sie ja eine Kostümjacke darüber tragen, aber schließlich findet sich fast jedes Jackett an der Stuhllehne wieder, und dann sitzen Sie da, mit Ihrer für alle Blicke offenen Bluse! Ich fände eine etwas zu große Bluse immer noch besser als eine, die über der Brust spannt. Bitte, bitte betrachten Sie sich selbst (aus allen Blickwinkeln) vor dem Spiegel, bevor Sie einen Laden mit einer neuen Bluse verlassen. Und wenn sie nicht perfekt sitzt, kaufen Sie sie auch nicht. Sie wird sicher nicht besser passen, wenn Sie sie erst zu Hause haben!

Immer wieder erstaunen mich Frauen, die sich Gedanken über ihre *breiten Schultern* machen. Für mich ist das kein Figurproblem, sondern diese Frauen sind das Problem, weil sie sich solche Mühe geben, sie zu verbergen. Es versteht sich von selbst, daß sie Schulterpolster meiden sollten. Wenn Ihre größte Angst ist, wie ein Freistilringer auszusehen, dann ist ein Extrapolster sicher das letzte, was Sie möchten. Haben Sie keine Hemmungen, Schulterpolster aus Kleidern herauszutrennen. Oft sind sie nur angeheftet oder mit Klettband befestigt und lassen sich leicht entfernen, ohne den Stoff zu beschädigen. Weiche Konturen helfen, die Illusion schmälerer Schultern zu erzeugen. Probieren Sie ein fließendes Jackett oder auch einen Pullover anstelle einer strenggeschnittenen Kostümjacke mit steifen Schultern, und schon werden Sie femininer wirken. Ich vermute, daß Sie ärmellose Kleidungsstücke wahrscheinlich hassen, weil Sie denken, daß diese Ihre Schultern wie einen Balken wirken lassen, dabei kommt es einzig und allein auf den Winkel des Ärmelausschnitts an.

Für den Abend sollten Sie statt eines hochgeschlossenen ärmellosen Oberteils eines mit Trägern versuchen, die auf Ihren Hals zulaufen oder auch eines mit Nackenband. Sobald Sie mehr Haut zeigen, nehmen die schrägen Linien Ihren Schultern etwas von ihrer Kantigkeit.

Frauen mit *schmalen Schultern* haben dagegen wirklich ein

Problem. Sie müssen etwas aufbauen; aber der Trick ist, es so zu machen, daß es immer noch natürlich aussieht. Ich möchte nicht, daß jemand so wirkt, als hätte er den Kleiderbügel in der Jacke vergessen (ein optischer Eindruck, den manche dieser schrecklichen, steifen, unnatürlichen Polster erzeugen). Es geht also darum, Proportionen auszugleichen, indem man die Schultern betont, aber nicht die Proportionen völlig durcheinanderzubringen, indem man sie überbetont. Bei Kundinnen mit schmalen Schultern reiße ich oft überdimensionierte Polster heraus, entferne die Füllung oder halbiere sie, bevor sie wieder eingenäht werden. Sie können die Originalpolster auch durch weichere, musselinüberzogene ersetzen, die Sie in jeder Kurzwarenabteilung bekommen. Herauskommen wird eine sehr viel natürlicher wirkende Schulterpartie.

Jetzt denken Sie vielleicht, daß *die Frau mit Größe 34* keine Sorgen kennt, aber wenn sie dünn und noch dazu klein ist, kann es für sie sehr schwierig sein, etwas zu finden, das ihr steht. Natürlich haben eigene Kollektionen für kleine Größen die Sache ein bißchen einfacher gemacht, aber selbst damit kann man nicht jedes Problem lösen. Wenn Sie zum Beispiel klein sind, aber eine lange Taille haben (was vorkommen kann), werden Ihnen die meisten Hosen für kleine Größen nicht passen, und auch die Jacken dürften wahrscheinlich oft an der falschen Stelle enden. Für die kleinere Frau sind Proportionen das Wichtigste. Es muß nicht alles, was Sie tragen, kurz sein. Es kommt darauf an, die Proportionen objektiv einzuschätzen – Sie können vielleicht eine längere Jacke tragen, wenn Sie sie mit einem kurzen Rock kombinieren oder eine kürzere mit schmalen Hosen.

Ich höre so oft, wie Frauen sich über ihre Hinterteile beklagen, aber das ist eine Beschwerde, die ich mich weigere, ernst zu nehmen. Ein netter, voller, rundlicher Popo läßt Ihre Figur jung aussehen. Ich sage diesen Frauen immer: »Wenn es mich in zwanzig Jahren hier noch gibt, kommen Sie wieder und wir wollen doch mal sehen, ob Sie dann nicht darüber jammern, daß Ihr Hinterteil verschwunden ist!« Weil dieser Körperteil nun mal mit dem Alter erschlafft und flacher wird, wenn Sie ihn nicht liften lassen, kann man da nicht allzuviel machen. Ab einem gewissen Alter nähen wir Kundinnen die Röcke hinten am Bund in die Höhe, weil sie sonst wirklich schlapp herunterhängen, wenn da kein Hintern ist, um sie auszufüllen. Ja, dann ist die Jugend endgültig vorbei!

Breite Hüften wiederum können – wie zu breite oder zu schmale Schultern – wirklich ein Problem sein, weil sie Ihre Proportionen durcheinanderbringen. Der Trend zu schmäleren Hosen hat den Frauen da wirklich geholfen. Diese sackartigen, wie Männerhosen geschnittenen Dinger mit all den Falten tun niemandes Hüften einen Gefallen. Es gibt nur sehr wenige Frauen, deren Körper durch diese Falten nicht in die Breite gehen, und wenn dann noch Seitentaschen hinzukommen, wirkt das Ganze noch breiter. Wenn Sie Hosen tragen wollen, wählen Sie schmale. Diese Schlabberdinger sehen furchtbar aus. Was am besten paßt und der Figur schmeichelt (besonders bei breiten Hüften), ist die altmodische Hose mit dem Reißverschluß an der Seite. Wenn die Vorderseite vollkommen glatt ist, wirken Sie optisch um die Mitte viel flacher und schlanker. Und hier der beste Trick überhaupt: Trennen Sie alle Taschen heraus. Jede Schneiderin kann sie herausschneiden und mit flacher Naht zunähen. Allein dadurch, daß Sie die Taschen entfernen, verlieren Sie einen halben Zentimeter an den Hüften – das schwöre ich Ihnen.

Wenn Ihr Problem eher der Bauch ist als die Hüften, funktioniert als Kaschierung am besten jedes beliebige Oberteil, das gerade bis zu den Hüftknochen reicht. Das kann ein gerade geschnittener Pullover sein, der locker bis zur Hüfte fällt (meiden Sie diejenigen, die sich unten zusammenziehen), eine einreihige Jacke oder eine ärmellose Weste. Sie müssen auch von der Vorstellung wegkommen, daß alles, was nicht auf Taille geschnitten ist, automatisch wie Umstandsmode aussieht. Nichts versteckt ein bißchen Bauch so gut wie ein tolles Hemd, das diagonal geschnitten ist, so daß es vom Körper weg fällt, und dazu eine schmale, auf Figur geschnittene Hose – und bequem ist das obendrein.

Schwangere sind wahrlich schwierige Kundinnen, weil so viele von ihnen keine Lust auf Umstandskleider haben – und wer könnte ihnen das verübeln, wo die meisten dieser Sachen so unmodisch und unvorteilhaft aussehen? Ich rate Ihnen, tragen Sie normale Sachen, solange Sie nur können, aber irgendwann werden Sie schließlich doch in die Abteilung für Umstandsmode müssen, zumindest für die Unterteile. Suchen Sie sich ein paar Umstandshosen mit schmalgeschnittenen Beinen, Leggings oder schmale Röcke aus, die als Basis Ihrer Schwangerschaftsgarderobe fungieren können. Die können Sie dann mit einer Vielzahl von »ganz normalen« Oberteilen kombinieren – vom gestärkten Männerhemd (allein getragen oder unter einer großen Strickjacke oder einer Weste) bis zu einem A-förmigen Pullover oder einer reverslosen Jacke, die nur am Hals schmal und nach unten fließend geschnitten ist. Wenn Sie keine tunikaartigen Hemden oder Jacken finden, die über Ihren Bauch passen, lassen diese sich ganz leicht passend machen. Nehmen Sie zum Beispiel ein Seidenhemd und lassen Sie sich an beiden Seitennähten etwa zehn Zentimeter lange Schlitze hineinmachen. Auch Kleider können eine gute Lösung sein – und sie müssen nicht unbeingt aus dem Laden für Umstandsmode stammen. Suchen Sie nach A-förmig geschnittenen Stücken aus fließenden Stoffen und allem mit einer Empire-Taille, die Ihnen das Gefühl von Figur gibt, ohne Sie einzuengen.

Der wahre Trick, um sich während der Schwangerschaft modisch wohl zu fühlen, besteht darin, Pluspunkte zu betonen. Wenn Sie sich Ihre wohlgeformten Beine erhalten haben, kürzen Sie Ihre Röcke ein bißchen (denken Sie daran, hinten ein bißchen mehr wegnehmen zu lassen, damit es

Schwanger zu sein, ist schön! Ziehen Sie sich auch danach an!

vorne nicht zu kurz wird). Wenn Ihnen Ihr üppigerer Busen gefällt, probieren Sie mal ein tiefer ausgeschnittenes Top. Und haben Sie keine Angst, Ihre nackten Arme zu zeigen. Selbst wenn Sie sie normalerweise hassen, werden sie jetzt im Vergleich zum Rest wie Stöckchen aussehen! Accessoires können das Auge (falls Ihnen das ein Anliegen ist) ebenfalls ablenken – tragen Sie einen leuchtendbunten Schal um den Hals, eine überdimensionale Brosche, Ohrringe, um die Aufmerksamkeit von Ihrem Bauch weg und auf Ihr Gesicht zu lenken.

Diese Tricks werden Ihnen helfen, ein paar Veränderungen auszugleichen, aber seien Sie nicht enttäuscht, wenn Sie sich schick anziehen, vor den Spiegel treten und nur sich selbst sehen – statt Kate Moss. Sie können ein bißchen mogeln, aber Sie können nicht vollkommen verbergen, was Sie sind – und dafür gibt es auch wirklich keinen Grund. Kleider haben nicht nur mit Tarnung zu tun, sondern es geht darum, herauszufinden, was Ihnen steht. Und dann lassen Sie es gut sein – es gibt noch mehr im Leben als die Frage, was Sie anziehen sollen!

Kapitel 3

Nur korrekt
angezogen ist langweilig

Ohne Accessoires kein Modeleben

Ich saß in Bettys Büro und stellte die Garderobe für eine Filmfigur zusammen, die nach einem sehr eklektischen Look verlangte. Mit der Wahl der Kleidung waren wir fast zu Ende, aber was den Schmuck anging, waren wir noch unentschlossen. Ich sagte immer wieder, daß der Schmuck Stil und eine gewisse Größe haben müsse, ohne übertrieben zu wirken – ein bißchen so wie der von Betty. Kaum hatte ich das ausgesprochen, sah ich Betty an und fragte: »Was ist mit deinem Schmuck? Verkauf ihn mir.« Natürlich sah sie mich an, als sei ich verrückt geworden, aber sie nahm ihn ab. Das nenne ich persönlich einkaufen!

Jeffrey Kurland, Kostümbildner für die Filme von Woody Allen

Für mich sind Accessoires wie Gemälde. Ihre Kleider sind der Rahmen, und die Halskette oder der Schal oder die Ohrringe, oder welche Accessoires Sie auch immer wählen, sind das Bild. Mir ist klar, daß das für eine Generation minimalistischer Dekorateure und Kostümbildner ein sehr schwer umsetzbares Konzept ist. Wenn Sie es nicht gewohnt sind, viele (oder überhaupt irgendwelche) Accessoires zu tragen, fühlen Sie sich wahrscheinlich ein bißchen eingeschüchtert von der riesigen Auswahl an Nippes, auf die Sie beim Durchstreifen der Schmuckabteilung oder der Flohmärkte stoßen. Aber gleichzeitig sind Sie vermutlich auch fasziniert. Kürzlich kam eine Kundin zu mir, die von den Imitationen alter Art-Deco-Broschen ganz bezaubert war. Bevor sie sich aber entschließen konnte, eine zu kaufen, wollte sie zu Hause nachsehen, wozu sie passen könnte. Ich würde dagegen genau umgekehrt vorgehen. Ich würde eine Brosche kaufen und dann nach einer Möglichkeit suchen, mich »um sie herum« anzuziehen. Ich sage, kaufen Sie zuerst die Brosche, den Schal oder die Schuhe, das Outfit kommt später! Das ist eine wunderbare Art, seine Garderobe zusammenzustellen.

Mir fällt auf, daß mich Leute immer auf meinen Schmuck ansprechen – besonders auf die Broschen. Ich kann nicht behaupten, daß sie jedem tatsächlich gefallen; das sind nicht lauter Komplimente, nur Kommentare. Eine Brosche zu tragen, sichert den Einstieg in eine Unterhaltung. Ich habe eine Brosche, Gott weiß wie lange schon, und wenn ich mehr als einen Vierteldollar dafür gezahlt habe, würde es mich wundern. Es ist einfach so ein Plastikding – ein rot-weiß-blauer Stern. Ich kann Ihnen gar nicht sagen, wie oft ich ihn schon wegschmeißen wollte, aber ich habe ihn immer wieder nur in die Schublade geworfen. Letztens steckte ich ihn zu einem offiziellen Mittagessen an eine rot-weiß-karierte Bluse. Und ob Sie's glauben oder nicht, am nächsten Tag rief mich eine der Damen an, um mich zu fragen, woher ich diese Brosche hätte! Man muß diesen wundervollen alten Ramsch also wirklich verteidigen.

Ich glaube, daß die Menschen sich von Natur aus gerne schmücken. Sehen Sie sich nur die verschiedenen kulturellen, ethnischen und Altersgruppen an – jede hat ihren besonderen Schmuck, von kurzen Perlenketten über Halsringe bis hin zu gepiercten Nabeln. Kleine Kinder, die keine Hemmungen und keine Angst haben, lächerlich oder übertrieben auszusehen, sind das beste Beispiel, weil sie kaum widerstehen können, sich mit dem Schmuck ihrer Mutter zu behängen, mit selbstgemachten Sachen oder Krimskrams, den sie finden, oder aber mit Plastikjuwelen aus dem Kaugummiautomaten. Leider verlieren die meisten von uns, wenn sie erwachsen werden, den spaßigen Aspekt der Mode aus den Augen. Kleidung und selbst Accessoires werden zu einer rein praktischen Angelegenheit. Das ist zweifellos der Grund dafür, warum funktionale Accessoires sich heute am besten verkaufen: Einkaufstaschen, Uhren, Brillen. Scheinbar überflüssige Dinge wie Armreifen, Broschen und Schals bleiben auf der Strecke. Die Leute lassen sich ganz von der Überlegung »Brauche ich das?« vereinnahmen. Darum geht es beim Schmücken ja gar nicht. Wann würden Sie denn eine Halskette wirklich *brauchen*? Natürlich nie, aber das ist es ja gerade, was die Freude daran ausmacht!

Schmuck sollte man wie Kunst kaufen. Es geht dabei ums Sammeln, und die meisten Leute, die Kleider mögen, sammeln auch gern. Wenn Sie gerade erst beginnen, Accessoires für sich zu entdecken, denken Sie daran, daß die Suche schon der halbe Spaß ist. Es geht darum, etwas zu entdecken, sich in etwas zu verlieben, das hübsch aussieht und Ihnen ein gutes Gefühl gibt, wenn Sie es anlegen oder anziehen. Es kommt kaum vor, daß man z. B. bei einer überdimensionalen Brosche unentschlossen ist – entweder gefällt sie einem oder man haßt sie auf den ersten Blick. Und egal, ob Sie echten Schmuck oder Modeschmuck kaufen, es sollte etwas sein, zu dem Sie sich irgendwie hingezogen fühlen, anders als es beispielsweise bei einem Pullover je sein könnte. Es ist einfach eine Tatsache, daß Schmuck eine sentimentale Angelegenheit ist und oft viele Emotionen damit verbunden sind. Wenn Ihnen Ihr Freund oder Mann zum ersten Mal Schmuck schenkt, ist das einfach eine herrliche Erfahrung.

Ich werde hier jetzt nicht viele strikte Regeln darüber aufstellen, wie, wann und wo Sie Ihre Accessoires tragen sollen. Den einzigen Rat, den Sie beherzigen sollten, ist: Versuchen Sie es. Haben Sie keine Hemmungen, mit einer Brosche hier oder einem Schal dort zu experimentieren. Was kann dabei schon schiefgehen?

Geschmückt und behängt. Vor langer Zeit betrachtete man Modeschmuck als die arme Cousine des Echten, aber Coco Chanel – die beides entwarf und selbst beides trug, echte und falsche Perlen als ihr Markenzeichen – hat all das verändert. Ich habe keine Zweifel daran, daß Modeschmuck ein unglaubliches Revival erleben wird. Gucci stöberte in seinen Archiven und grub den Kettengürtel wieder aus. Und von dort gelangen wir zu falschen Gold- und Silber-Halsketten, Ringen mit riesigen falschen Steinen, Revers-Broschen mit einem Strauß aus imitierten Bergkristallen, »Smaragden« usw. Wenn er nicht zu teuer ist, kann man Modeschmuck als Wegwerfartikel betrachten. Er ist nur zum Spaß da, Sie tragen ihn nicht wie etwas wirklich Wertvolles. Es ist eine Methode, einen neuen Look auszuprobieren, ohne sich gleich ein neues Outfit kaufen zu müssen: Verleihen Sie Ihrem alten Cocktailkleid mit einem üppigen Collier neues Leben; peppen Sie einen schwarzen Pullover mit einer Menge Bakelit-Armreifen in kräftigen Farben auf; oder tragen Sie eine witzige Brosche, um der Welt zu signalisieren, daß Sie heute guter Laune sind.

Beschränken Sie sich nicht freiwillig auf die traditionellen Schmuckabteilungen und Juweliere. Schauen Sie auch in Billigläden, auf den Dachboden Ihrer Verwandtschaft, in Second-Hand-Läden, Antiquitätengeschäfte, auf die Tische von Straßenhändlern und Flohmarktverkäufern. Bei dem neuerwachten Interesse an altem Schmuck sind Flohmärkte oft der beste Ort, um preiswerte Kinkerlitzchen zu erstehen. Das heißt natürlich nicht, daß Modeschmuck immer billig ist (ein neues Paar Chanel-Ohrringe aus falschen Perlen kann ein paar hundert Mark kosten), klassischer schon gar nicht (man denke nur an Jackie Kennedys falsche Perlen, die bei Sotheby's ein paar tausend Dollar einbrachten). Aber wenn Sie ein gutes Auge haben, außerdem die Geduld, sich durch viel Mist durchzuwühlen, und ein bißchen Phantasie, gibt es zahlreiche Schätze zu heben.

Jede Frau macht sich verrückt damit, daß all ihre Schmuckstücke auch ja zusammenpassen. Gott behüte, daß sie goldene Ohrringe zu einer silbernen Uhr trüge. Ich weiß, daß die meisten es hassen, das Ensemble aufzubrechen, aber Sie sollten nicht zu streng mit sich sein. Die englische Aristokratie hat immer ihr Sterlingsilber mit Gold gemischt, selbst bei den erlesensten Tafeldekorationen. Und dann gibt es ja schließlich auch Schmuck (denken Sie an Ringe von Cartier oder Rolex-Uhren), der verschiedene Goldtöne mit Silber, Platin oder rostfreiem Stahl kombiniert. Das kann wunderbar aussehen, also haben Sie keine Angst zu experimentieren. Ich bin selbst nie unsicher, wenn ich meinen Schmuck anlege. Es ist auch keine Frage dessen, was zusammenpaßt, weil wirklich alles geht. Ich nehme mir als erstes eine Brosche oder Halskette, die das Zentrum der Aufmerksamkeit bildet, darum herum baue ich dann weiter auf. Ich selbst brauche für die Wahl meiner Accessoires nur drei Sekunden, aber mir ist klar, daß Sie wahrscheinlich nicht die Zeit haben, sich vor dem Spiegel ein Dutzend verschiedene Ohrringe anzustecken, um herauszufinden, welche am besten passen. Deshalb kann ich Ihnen nur wärmstens empfehlen, sich eine Minute mehr Zeit zu nehmen, um einfach etwas auszuprobieren. Mit ein bißchen Übung und der entsprechenden Sicherheit wird es Ihnen bald gelingen, sich selbst in Nullkommanichts zu schmücken.

Ohrringe. Frauen jeden Alters können süchtig nach Ohrringen werden. Sie sind ein Schmuck, für den sich selbst viele Accessoire-Minimalisten erwärmen können. Jemand hat kürzlich zu mir gesagt: »Von nun an werde ich statt Kleidern Ohrringe kaufen.« Gut, warum nicht? Ohrringe können schmeicheln, Spaß machen, glamourös wirken und ein altes Outfit revitalisieren – aber außerdem müssen sie nicht »passen«, und ich kenne keine Ohrringe, die Sie fett aussehen lassen könnten! Ohrringe sind das einfachste Accessoire, das Sie tragen können, denn sie sind so unauffällig oder dramatisch, wie Sie möchten – von winzigen Diamant-Steckern über kunstvolle überdimensionale Goldreifen bis hin zu neuartigen Modellen, die Auskunft über ein Hobby oder eine persönliche Vorliebe geben können.

Da Sie irgendwo anfangen müssen, halte ich einfache Perlenohrringe für die beste Erstanschaffung. Sie kommen nie aus der Mode, Sie fühlen sich mit ihnen selbst in Jeans gut angezogen, aber sie passen auch perfekt zu jedem beliebigen Abendkleid, das Sie jemals tragen werden. Das einzige, was als Grundlage Ihrer Schmuckgarderobe noch besser wäre, sind Diamantstecker. Die sind ein bißchen kostspieliger als Perlen, aber hey, wer sagt, daß sie echt sein müssen? Es gibt eine Menge Kopien aus Zirkonen, die toll aussehen. Und ich wette, nur sehr wenige Menschen werden Ihren Ohrläppchen nahe genug kommen, um den Unterschied festzustellen. Einfache Stecker sehen meist an Frauen mit kurzen oder hochgesteckten Haaren gut aus, denn in einer Fülle langen Haars können selbst zweikarätige Diamanten optisch verlorengehen. Ich habe eine Vorliebe für lange, baumelnde, ja unerhörte Ohrringe bei jeder Art von langen Haaren. Sie bewegen sich und fangen das Licht ein, jedesmal wenn Sie eine Strähne zurückwerfen oder sich hinters Ohr schieben.

Halsketten. Während eine filigrane Kette auf nackter Haut immer hübsch aussieht, scheinen wir uns auf dem Weg zurück in die Zeit der soliden Halsketten zu befinden – massive Goldketten, einfache, doppelte und sogar dreifache Perlenschnüre und große, großperlige Ketten in vielen Farben. Diese schweren, kurzen Ketten sind nicht schwer zu tragen, weil sie praktisch in jeden Ausschnitt passen (außer über einen dicken Rollkragen).

Halsausschnitte

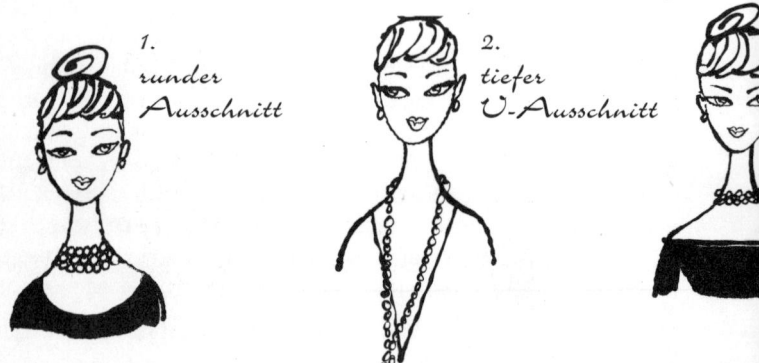

1. runder Ausschnitt

2. tiefer U-Ausschnitt

Und wenn Sie dazu passende Ohrringe tragen, werden Sie automatisch das Gefühl haben, Ihr Ensemble komplettiert zu haben. Das soll aber nicht heißen, daß alles eine exakte Entsprechung braucht – besonders zu einer Perlenkette (egal ob echt oder falsch) paßt wirklich alles. Perlen (selbst falsche) haben eine wunderbare Wirkung auf den Teint. Irgendwie bringen sie den Hautton auf besonders schmeichelhafte Weise zur Geltung. Ganz davon zu schweigen, was sie aus Kleidern machen: Legen Sie eine kurze Perlenkette zu einem einfachen ausgeschnittenen Kleid an, und plötzlich sieht es aus, als wäre es eine Million wert.

Was zusammenpaßt

◆ runder Halsausschnitt: Gold- oder Silberhalsband, kurze Perlenkette
◆ tiefer V-Ausschnitt: lange bis sehr lange Perlenkette, lange, baumelnde oder kurze Kette
◆ U-Boot-Ausschnitt: kurzes Halsband, sehr lange Perlenkette, zweireihige kurze Perlenkette
◆ schulterfrei: kurze Kette aus großen Perlen (tragen Sie auch mal zwei, eine mit weißen, eine mit schwarzen Perlen) oder ein erlesenes »Diamanten-und-Juwelen«-Collier
◆ Turtleneck (Schildkrötenkragen) oder Rollkragen: Halsband, lange Kette, Perlen

3.
U-Boot-
Kragen

4.
schulterfrei

5.
Turtleneck/
Rollkragen

Broschen. Das Schmuck-Accessoire, das ich immer propagiere (und auch selbst oft trage) sind Broschen. Hier können Sie Ihrer Phantasie wirklich freien Lauf lassen und sich sicher sein, daß, was auch immer Sie wählen, zu einem Gesprächsthema wird – das könnte der Grund dafür sein, warum viele Frauen hier so zögerlich sind. Suchen Sie sich etwas aus, mit dem Sie sich identifizieren – eine Tierdarstellung, ein abstraktes Design, eine Blume, vielleicht aus Seide oder sogar eine echte Blüte (etwa eine Kamelie – das Chanel-Markenzeichen). Für Ihr erstes Experiment sollten Sie kein Vermögen ausgeben. Erkunden Sie das Terrain mit etwas Preiswertem vom Flohmarkt – stecken Sie es einfach ans Revers und warten Sie ab, ob es nicht bald zum täglichen Bestandteil Ihrer Garderobe wird. Wenn Ihnen das hilft, können Sie sogar eine Brosche an Ihrer Jacke lassen, wenn Sie sie in den Schrank zurückhängen. So müssen Sie beim nächsten Mal nicht einmal drüber nachdenken, welches Accessoire passen könnte, wenn Sie die Jacke wieder hervorholen.

Das Revers ist zwar die offensichtlichste, aber sicher nicht die einzige Stelle, an der Sie eine Brosche befestigen können. Bei einem runden Halsausschnitt können Sie mal eine Brosche genau in der Mitte plazieren. Sie können sogar eine kurze Halskette dazu tragen, so daß die Brosche wie ein Anhänger wirkt. Ein kleineres Exemplar können Sie direkt an den Kragen einer Bluse stecken, ein altes Stück macht sich oft unter dem Kragen gut. Auch eine schlichte Handtasche können Sie mit ein paar angesteckten »Juwelen« zur Abendtasche umdekorieren.

Armbänder und Armreifen. Es gibt Leute, die es nicht aushalten, etwas um ihr Handgelenk zu spüren, andere klimpern dagegen zufrieden damit durchs Leben. Ich muß immer an eine Katze mit Glöckchen um den Hals denken, weil mich jeder kommen hört, wenn ich mein Lieblingssortiment aus sechs oder acht Silberreifen bei der Arbeit trage. Wenn Sie ein Geklingel aus Reifen oder Armbänder mit Glücksanhängern tragen, gibt es wirklich keine Möglichkeit, sich leise anzuschleichen. Vielleicht ist das der Grund dafür, warum immer mehr Frauen sich für den konservativen Stil entscheiden und einen einzigen Goldreif, ein dickes Panzerarmband oder ein schlichtes Kettchen ums Handgelenk tragen. Wenn Sie ein Lieblingsstück haben, das Sie täglich tragen, denken Sie beim Kauf eines neuen Jacketts oder eines langärmeligen Kleids daran. Wenn die Ärmel nicht kurz genug sind, wird es sich sonst nämlich immer im Stoff verheddern.

Ringe. Ich glaube nicht, daß die meisten Leute Ringe im Hinblick auf ihren anderen Schmuck auswählen. Und Ringe sind wahrscheinlich der einzige Schmuck, bei dem sich die Leute keine Sorgen machen, ob er zu ihren übrigen Accessoires paßt. Wenn Sie Ihre goldene Armbanduhr lieben, aber einen Ehering aus Platin haben, ist die Wahrscheinlichkeit groß, daß Sie beide zusammen tragen – und die Wahrscheinlichkeit ist groß, daß es auch gut aussieht! Ringe sind eine wunderbare Möglichkeit, um Ihre Hände zu betonen. Meiner Meinung nach gehören die Hände zu den schönsten und ausdrucksvollsten Körperteilen. Sie können Ringe wie Kleidungsstücke übereinander tragen, mit einem extravaganten, strahlenden Modeschmuckring mit großem Stein ein Abendkleid aufputzen oder einen Ring tragen, um damit Erinnerungen zu pflegen (den Siegelring Ihrer Großmutter oder einen Freundschaftsring). So viele Frauen tragen tagein, tagaus dieselben Ringe, ohne sie jemals abzulegen – warum soll man sie nicht anziehen und ablegen, mal mit etwas Neuem experimentieren wie mit einem Seidentuch?

Zeichen der Zeit. Sie ist praktisch. Sie ist ein Statussymbol. Und: Sie ist ein Schmuckstück. Eine Armbanduhr ist das Accessoire, das die meisten Leute täglich tragen. Ich kenne Frauen, die sie selbst zum langen Abendkleid anbehalten. Früher war es so, daß jeder eine Alltagsuhr besaß und eine zierlichere Abenduhr. Manche Leute haben heute eine richtige Uhren-Garderobe, bestehend aus einer maskulinen, einer robusten für den Sport und zur Freizeitkleidung und vielleicht einigen spleenigen, ausgeflippten Modellen, nur so zum Spaß. Wenn Sie in ein Schmuckstück investieren wollen, ist eine Uhr eine gute Sache, und das nicht nur, weil Sie sie fast täglich tragen werden, sondern weil eine klassische Uhr – wenn Sie mir dieses Wortspiel gestatten – zeitlos ist. Die berühmte »Tank Americaine« von Cartier ist dafür ein perfektes Beispiel, aber es muß ja nicht das Original sein. Sie finden ähnliche Modell in allen Preislagen, angefangen bei fliegenden Händlern. Eine Qualitätsuhr in schlichter Form ist alles, was man unbedingt braucht.

Die Swatch-Manie hat uns jedoch gelehrt, daß es bei Uhren nicht nur um den Bedarf geht und daß sie nicht unbedingt klassisch sein müssen. Eine trendige, preiswerte, bunte Swatch kauft man einfach zum Spaß – eine gute Möglichkeit, um einem Outfit mehr Lebendigkeit zu verleihen. Uhren können aber auch Sammlerstücke sein. Wenn Sie erst einmal mehrere Chronographen besitzen, wird die einzelne Uhr zu einem echten modischen Accessoire – wie ein Paar Ohrringe oder eine Brosche –, das Sie passend zur Garderobe, Laune und Jahreszeit tragen.

Ring

Tücher und Schals richtig binden

Um einen Schal oder ein Tuch korrekt zu binden, braucht man keine sechs Hände, nur ein bißchen Know-how und etwas Übung. Hier ein paar Kniffe, die leicht zu bewerkstelligen sind, so daß Sie morgens rechtzeitig ins Büro kommen.

Rechteckiger Schal im Jackett

◆ Verwenden Sie einen Ring (wie Hermès sie zu diesem Zweck herstellt), um das Tuch zusammenzuhalten; preiswerte Varianten davon bekommen Sie dort, wo es auch Tücher gibt.

◆ Legen Sie einen länglichen, rechteckigen Schal in den Ausschnitt eines Jacketts.

◆ Falten Sie ein Seidentuch in der Mitte (zu einem Dreieck), legen Sie es um Ihren Kopf und verknoten Sie es im Nacken.

◆ Nehmen Sie ein quadratisches Seidentuch, falten Sie es zunächst zu einem Dreieck und dann immer weiter, bis Sie eine etwa 5 Zentimeter breite Schärpe haben, die Sie um Ihre Taille oder Ihre Hüften schlingen können.

◆ Jedes kleine Tuch kann als Einstecktuch ein Jackett aufputzen.

Stola oder Pareo

◆ Ein wirklich großes Tuch (wie z. B. eine Stola oder ein Pareo) ist extrem vielseitig. Ein über der Brust verknoteter Chiffon- oder Seiden-Pareo ist eine schicke Strandbekleidung. Eine Kaschmir- oder eine elegante Organzastola über einem Cocktailkleid ersetzt einen Mantel.

Binden Sie sich einen um. Schals gehören zu meinen Lieblings-Accessoires. Damit kann man ältere Kleidung oder eher schlichte Sachen auffrischen – außerdem sorgt ein Tuch für Farben und Muster in Ihrer Garderobe. Unterschiedliche Schals lassen einfache Kleider oder Kostüme jedesmal anders aussehen; das ist wirklich hilfreich, um Abwechslung und Variationen in Ihre Garderobe zu bringen. Wenn Sie Tücher und Schals kaufen, fassen Sie sie auch an und entscheiden Sie nicht nur nach Farbe und Muster. Es ist der Luxus des Materials – weicher Kaschmir, federleichter Chiffon, schmeichelnde Seide –, der ihren Reiz ausmacht. Ich denke, die meisten von uns bewundern Tücher, und vielleicht kaufen wir auch einige, aber richtig schwierig wird es, wenn es ans Tragen geht: Die Durchschnittsfrau hat plötzlich zwei linke Hände, wenn es gilt, eines umzulegen. Es gibt nichts Schlimmeres, als komplett angezogen zu sein und dann das Tuch nicht hinzubekommen. Das ist wie mit dem armen Mann, der schon fix und fertig im Smoking dasteht und sich mit seinem Schleifenknoten abmüht.

Das praktischste und am einfachsten zu tragende Tuch ist ein langes Umhängetuch, wie Halston es in den siebziger Jahren populär gemacht hat. Diese wirklich wunderbare Erfindung gibt es in so vielen verschiedenen Materialien (von sportlicher Wolle im Schottenmuster bis zu federleichtem Taft, luxuriösem Kaschmir oder sogar Pelz). Ein Tuch können Sie wirklich bei einer Vielzahl von Gelegenheiten tragen. Werfen Sie sich ein hübsches zu einem Abendkleid um, wenn Sie keinen Mantel haben, der elegant genug wäre. Und packen Sie sich eines aus Wolle ein, wenn Sie im Herbst verreisen. Das ist viel platzsparender, als einen Mantel in den Koffer zu stopfen, und wärmt Sie an kühlen Abenden genauso. Große Umhängetücher aus schönen Stoffen (besonders aus edlem Material wie Kaschmir) können ziemlich teuer sein, aber sie sind auch eine prima Investition, weil sich ihr Schnitt nie ändert (es ist einfach nur ein großes Rechteck) und Sie sie wirklich über allem tragen können.

Bei Tüchern sollten Sie wirklich keine Hemmungen haben – wenn Sie welche besitzen, tragen Sie sie! Welche Fehler können Sie dabei schon machen? Ein großes gemustertes Seidenquadrat (wie das klassische Hermès-Tuch) wird am häufigsten gekauft und ist tatsächlich ungeheuer vielseitig und leicht zu tragen. Am Anfang falten Sie es vielleicht nur zu einem Dreieck und legen es sich um die Schultern. Das ist die ideale Möglichkeit, um das Muster oder die auf dem Tuch dargestellte Szene zu zeigen, und, was noch besser ist, sie ist absolut narrensicher. Aber das Schöne an einem Tuch dieser Größe ist, daß Sie es auch zu einem schmalen Band zusammenfalten und als Gürtel tragen oder sich wie ein Bandeau um die Brust schlingen können. Oder Sie binden es sich im Jackie-O.-Stil um den Kopf. Die Möglichkeiten sind wirklich unendlich. Ein rechteckiges Tuch aus hübscher Seide, weichem Chiffon oder alter Spitze eignet sich aber auch als Ersatz für eine Bluse, wenn Sie es innen unter einem Blazer tragen.

Schau, schau! Brillen sind heute – egal ob als Sehhilfe oder auffälliger Sonnenschutz – heiße Accessoires. Bei all den berühmten Namen, die jetzt die Gestelle schmücken, sind Brillen zu einem weiteren Statussymbol geworden. Von den hochpreisigen Modellen mit Namen wie Armani reicht das Sortiment bis zu schlichteren Marken, die Sie bei jedem Optiker bekommen. Brillen sind eine gute Gelegenheit, sich ein bißchen Designer-Chic zu leisten. Mir gefällt der Vergleich, daß der Kauf eines Brillengestells Ähnlichkeit mit dem Erwerb eines Bilderrahmens hat – der Rahmen soll das, was er umgibt, zur Geltung bringen, aber nicht davon ablenken.

Dünne Metallgestelle sind ideal für Frauen mit einem kleinen Gesicht und alle, die damit keine besondere Aufmerksamkeit erregen wollen. Auf der anderen Seite tragen viele Frauen große Brillen mit kräftigem Gestell als modischen Akzent. Es hängt wirklich davon ab, womit Sie sich wohl fühlen, und es gibt keine Regel, die besagt, daß Sie nicht beides haben könnten – legen Sie sich ein paar Modelle zu und tragen Sie sie nach Lust und Laune. Ich finde, Haarschnitte sollten keine bestimmte Brillenform diktieren – es kommt einfach nur darauf an, was Sie sehen möchten, wenn Sie in den Spiegel schauen. Und wenn Sie gezwungen sind, eine Lesebrille zu tragen (die große Demütigung der Übervierzigjährigen!), haben Sie keine Angst vor der alten »Großmutterkette«. Mit Schildpatt, Perlen, Leder oder bunten Steinen verziert, sind diese Ketten zu einer ziemlich schicken Methode geworden, um seine Brille bei der Hand zu haben.

Taschen. Bei Handtaschen können Sie auf zweierlei Weise verfahren: Die eine ist, sich finanziell zu verausgaben und in eine teure Tasche mit klassischer Form und Farbe wirklich zu investieren – und zu geloben, nie die Tasche zu wechseln. Die andere Möglichkeit wäre, verschiedene, weniger kostenintensive Käufe zu tätigen, um sich eine Taschen-Garderobe mit einer Vielzahl an Farben, Formen, Größen und Mustern zuzulegen, die zu verschiedenen Outfits passen und unterschiedlichen Trends entsprechen. Es gibt keine richtige oder falsche Methode, das hängt vielmehr von Ihrem persönlichen Stil ab. Kleiden Sie sich eher konservativ und bevorzugen Sie eine Allround-Tasche für jeden Tag? Dann investieren Sie. Wenn Sie eher dazu neigen, Ihre Taschen so oft zu wechseln wie Ihre Kleider, dann passen Sie auf, sich nicht von Taschen in Versuchung führen zu lassen, die zu teuer und trendy sind. Sonst stehen Sie am Ende mit einem Schrank voller »Taschen vom letzten Jahr« da, mit denen Sie sich nicht mehr schick fühlen.

In eine gute Tasche zu investieren, lohnt sich aus mehreren Gründen. Eine, mit der Sie jeden Tag zur Arbeit gehen, muß einiges aushalten, deshalb sollte sie von guter Qualität sein. Sie ist auch sehr präsent. Wie ein Mantel (nur daß man eine Tasche sogar das ganze Jahr hindurch trägt) gehört Ihre Tasche zum ersten Eindruck, den die Leute von Ihrem Stil, Geschmack und Ihrer Persönlichkeit bekommen. (Seien wir ehrlich, wir lesen an der Kleidung anderer Leute doch eine Menge ab, oder?) Ich denke, das ist der Grund dafür, warum so viele Frauen sich das Geld für eine

statusträchtige Markentasche – wie Louis Vuitton,
Prada, Gucci oder Chanel –
wenn es sein muß aus den
Rippen schneiden, denn sie
ist eine Art Sicherheitsnetz.
Indem Sie eine erkennbare
Marke tragen, geben Sie
Ihren guten Geschmack (und vielleicht Reichtum) jedem bekannt, der
Ihnen auf der Straße
begegnet. Jetzt möchte
ich natürlich nicht behaupten, der einzige Grund, warum Frauen
teure Taschen kaufen, sei ihre Unsicherheit. Mit viel Geld für
eine Tasche kaufen Sie sich mehr als nur Status. Sie bekommen
ein erstklassiges Produkt aus den luxuriösesten Materialien, mit
umwerfendem Design und von hervorragender handwerklicher
Verarbeitung. *Deshalb* spricht man von Investment-Garderobe.
Wenn Sie eine teure Tasche für jeden Tag kaufen, sollten Sie nach
einer konservativen Farbe Ausschau halten – schwarz, dunkelblau, braun, weinrot. Aber denken Sie nicht, Sie müßten eine
schwarze Tasche nehmen, nur weil Sie schwarze Kleidung tragen. Ich liebe helle, beigefarbene Ledertaschen als Accessoires
zu dunklen Sachen, und ich halte auch viel von marineblauen
Accessoires (wie Schuhen und Tasche) zu schwarz. Das ist alte
europäische Tradition und sieht sehr schick aus.

Der Rucksack – heute gehört er offiziell zu einem modischen
Taschenset – ist aus der Welt des Sports und von den Schulhöfen zu seiner gegenwärtigen Rolle als absolut akzeptable Alternative zur Reisetasche oder großen Handtasche aufgestiegen. Ich

sehe gutangezogene Frauen jeder Altersgruppe, die Rucksäcke geschultert haben und ihr ganzes Leben darin transportieren – ihr wertvolles Filofax, Handy und manchmal sogar eine ganze Garderobe zum Wechseln. Und auch wenn mir einleuchtet, wie praktisch eine so große Tasche ist, denke ich, daß es an der Zeit ist, zur feminineren Handtasche zurückzukehren. Diese überdimensionalen Dinger sind gefährlich für Leute, die neben Ihnen gehen, sobald Sie zufällig die Schultern drehen – wumm! Hier mein Rat: Wenn Sie viel zu tragen haben, stopfen Sie alle Sachen plus eine kleine Handtasche in den Rucksack. Wenn Sie dann tagsüber oder abends weggehen, nehmen Sie nur das Notwendigste in Ihrer kleinen Tasche zum Mittag- oder Abendessen mit.

Wenn Sie nach etwas Hochmodischem suchen, sollten Sie ruhig die (manchmal sehr guten) Imitate von schicken Prada-, Gucci- oder anderen Rucksäcken in Betracht ziehen. Immer mehr Frauen reduzieren die Zahl Ihrer Taschen, da sind diese preiswerten Kopien eine gute Methode, um sich gelegentlich etwas Neues zu leisten, ohne gleich schrecklich viel Geld ausgeben zu müssen. Straßenverkäufer und Billigläden sind oft sehr trendy. Was soll falsch daran sein, etwas Preiswertes zu kaufen, das gut aussieht und mit dem Sie sich ein bißchen nobel fühlen? Es macht Spaß, und wen stört es schon, daß diese Dinger nicht ewig halten? Eine Abendtasche ist auch etwas, woran Sie leicht ein bißchen sparen können. Selbstverständlich gibt es eine Unmenge wirklich spektakulärer, schrecklich teurer Abendtaschen – Judith Leibers juwelenbesetzte Miniaturen, Pradas Seidenbeutel, Chanels gesteppte Täschchen. Aber Sie finden auch einfache, günstige Imitate oder Satintaschen in letzter Minute in jedem Kaufhaus. Eine andere tolle Adresse für elegante Taschen sind Second-Hand-Läden. Ich kann Ihnen gar nicht sagen, wie viele Freundinnen mich ständig darum bitten, ihnen eine meiner alten Abendtaschen zu leihen – ich hebe sie alle auf und habe schon eine ganze Sammlung, darunter Petit-Point- und perlenbestickte Exemplare meiner Mutter aus den dreißiger und vierziger Jahren.

Auf Taille. Viele von uns greifen automatisch zu einem Gürtel und schlingen ihn um jedes Kleidungsstück, das Gürtelschlaufen hat. Auch wenn es eine Schande zu sein scheint, die Schlaufen leer zu lassen, braucht es mehr als ein Stück Leder, das durch diese paßt, um Ihre Figur und Ihr Outfit vorteilhaft zur Geltung zu bringen. Seit dem Wiederaufstieg des Gürtels zum echten modischen Accessoire gibt es eine weitere Möglichkeit, an der Taille ein bißchen Status zu zeigen. Der Hermès-Gürtel mit der H-Schnalle ist ein langjähriger Klassiker. Der Gucci-Gürtel mit der Schnalle, die wie eine Pferdetrense aussieht (oder die Myriaden von Nachahmungen in jeder Preislage), verkauft sich immer gut. Und als vor ein paar Saisons der dünne Lackledergürtel der letzte Schrei für jede modische Taille war, gab es im ganzen Land Wartelisten für die begehrte Calvin-Klein-Version.

Viele Frauen haben Angst, sich um die Mitte zu gürten, weil sie keine Aufmerksamkeit auf ihre Hüften oder eine dicke Taille lenken wollen. Die Taille ist schließlich das erste, was dahingeht, wenn wir älter werden – nicht viele Frauen behalten ihre Scarlett-O'Hara-Proportionen ein Leben lang. Und aus genau diesem Grund lassen die meisten meiner Kundinnen die Gürtelschlaufen von allen Hosen und Röcken, die sie kaufen, abtrennen (das ist eine einfache Sache, die jede Änderungsschneiderei erledigt). Aber wann erfüllt ein Gürtel wirklich noch die Funktion, für die er eigentlich gedacht war? Ich kenne keinen einzigen Menschen, der jemals seine Hose auf der Straße verloren hat, weil er keinen Gürtel trug! Ich denke, wenn man seine gute Taille verliert, wird das Tragen von Gürteln sehr unbequem. Niemand will sich so was heute noch nur aus modischen Gründen antun. Vor Jahren gab es diese großen Hüftgürtel mit ihren 10 Zentimeter breiten Schnallen, die sich einem ins Fleisch gruben, sobald man sich setzte. Am Ende eines Abends hatte man den Bauch voller grüner und blauer Flecken. Aber wir leben nicht mehr in dieser Zeit – Scarlett ist tot und dahin.

Gürtel sind keine notwendige Investition, aber wenn Sie sie mögen und sich damit wohl fühlen, sollten Sie sich einen guten Schlangen- oder Krokogürtel zulegen (Krokoimitate aus Leder sind übrigens genauso schön und kosten nur einen Bruchteil). Sie können ihn zu all Ihren Hosen, sogar zu Jeans und Khakihosen tragen und über einem Hemdblusen- oder einem schmalen Strickkleid. Ein anderes empfehlenswertes Basis-Stück ist ein Kettengürtel – es gibt sie in Gold, Silber und sogar aus Schildpatt. Das Schöne an einem Ketten- oder einem langen Lederbandgürtel ist, daß er nicht dazu gedacht ist, Sie in der Taille einzuschnüren. Diese Gürtel sollen etwas lockerer und fast auf den Hüften sitzen. Sie werden erstaunt sein, wie gut das von einer breiten Taille ablenkt und diese sogar schmäler wirken läßt.

Sobald Sie ein paar Basisgürtel zusammenhaben, können Sie beginnen, sich eine Sammlung von Novitäten anzulegen. Benutzen Sie Gürtel als Zierde – das macht richtig Spaß. Finden Sie solche, die fast schon Schmuckstücke oder kleine Kunstwerke sind. Ich besitze eine Schublade voller alter Gürtelschnallen, die ich abgetrennt und aufgehoben habe, weil sie so ungewöhnlich sind. (Irgendwie werden die Gürtel immer schmäler, aber die Schnallen bleiben gleich!) Irgendwann werde ich mir die alten Schnallen auf neue Ledergürtel nähen lassen. Jahrelang habe ich einen Gürtel aus Federn besessen – das war der außergewöhnlichste Gürtel, den Sie sich vorstellen können. Ich habe ihn zu Strickkleidern getragen. Gürtel können aufregend sein – wenn Sie welche finden, die ein Outfit beleben, oder wenn es solche sind, die Sie sammeln und Ihr Leben lang behalten wollen.

Die Schuh-Fetischistin

Frauen lieben Schuhe wahrscheinlich mehr als alle anderen Accessoires. Natürlich müssen Ihnen die Schuhe passen, aber sie müssen nicht so passen wie ein Kleid. Sie erfordern keine Analyse mit Hilfe eines dreiteiligen Spiegels. Wenn Sie ein Paar Schuhe anziehen, müssen Sie sich keine Sorgen machen, wie Sie darin von hinten wirken, ob sie Ihren Bauch fett aussehen lassen oder ob Ihre Frisur heute sitzt oder nicht. Ich kenne Frauen mit Kleidergröße 52, die die aufregendsten Schuhe sammeln. Wenn man unbedingt etwas Neues haben, aber keine Kleider kaufen will, sind Schuhe einfach perfekt. Natürlich sollten Schuhe bis zu einem gewissen Grad praktisch und bequem sein. Meine Mutter sagt immer, daß man seine Schuhe im Gesicht trägt, wenn sie einem weh tun. Dennoch müssen Sie Form, Stil und Schick nicht der Bequemlichkeit opfern. Der richtige Spaß beim Schuhkauf kommt oft auf, wenn man welche findet, die kein bißchen praktisch wirken. Ich liebe es, mir ein Paar göttlicher Schuhe zu kaufen – auch wenn ich nichts habe, was ich dazu tragen kann –, und dann kleide ich mich von den Füßen aufwärts neu ein. Was ist schließlich schöner, als sich aufregende Schuhe zu kaufen, solche, die Sie normalerweise nie nehmen würden, aber die Sie vielleicht bei den reduzierten Paaren gefunden haben und um die herum Sie sich jetzt ein Outfit basteln, um sie zur Geltung zu bringen?

Wenn bei mir gerade wenig los ist, spaziere ich durch den Laden und siehe da, auch jede andere Abteilung ist fast leer. Jede – bis auf die Schuhabteilung, wo es zugeht wie in einem Spielzeugladen vor Weihnachten. Ich denke, daß egal wieviel Kleidung eine Frau schon besitzen mag, für ein weiteres Paar Schuhe wird in ihrem Schrank immer Platz sein. Wenn ich durch die Straßen von New York laufe und all die Frauen in ihren Turnschuhen zur Arbeit gehen sehe, frage ich mich oft, wo all diese wunderschönen Schuhe verschwinden... Nichts belebt ein altes Outfit wie ein modisches Paar neuer Schuhe. Meiner Meinung nach sind Frauen eher bereit, ihre Geldbörse ein bißchen weiter aufzumachen, wenn es um Schuhe geht. Sehen wir den Tatsachen ins Auge: Jedes Paar Schuhe ist heute teuer, und es überrascht mich immer wieder, wie Frauen sich um die Regale mit Prada- oder Gucci-Schuhen (für 400 bis 700 Mark) drängen. Trotz dieser Preise sind die Schuhe aber immer noch billiger als ein ganzes Designer-Outfit. So gönnt sich die Frau, die sich den Calvin-Klein-Hosenanzug für 3 500 Mark nicht leisten kann, mit Designer-Pumps für 500 Mark ein bißchen vom Dernier cri. Ich finde wirklich, daß schöne Schuhe Sie ganz anders aussehen lassen, egal wieviel Sie für Ihre übrige Garderobe ausgegeben haben. Und wenn Sie sie gut pflegen, können sie eine unglaublich lange Lebensdauer haben. Mit Schuhen können Sie auch für Abwechslung oder einen originellen Akzent sorgen. Vorbei sind die Zeiten, als man schwarze Pumps zum schwarzen Kostüm, marineblaue zum marineblauen Ensemble anzog. Besonders weil die Leute heute soviel reisen und keine Lust haben, ein halbes Dutzend Schuhe einzupacken, sind diese alten Regeln völlig überholt.

Obwohl viele Frauen Schränke voller Schuhe besitzen, möchte ich doch ein paar Basismodelle nennen, die in jede gute Schuhgarderobe gehören.

• *Ein schlichter schwarzer Schuh* (wahrscheinlich ein halbhoher Pumps aus Leder) paßt zu fast allem.

• *Turnschuhe*, sei es zum Sport oder für Freizeitaktivitäten, z. B. auch zum Stadtbummel.

• Ein Paar *Freizeitschuhe* in Schwarz, Braun oder Dunkelblau (je nach der vorherrschenden Farbe in Ihrer Garderobe). Solche leichten Slipper oder robusten Schnürschuhe passen zu Wochenendkleidung wie Jeans und auch zu legeren Hosenanzügen im Büro.

• Ein Paar sehr schicker *Abendschuhe* für Cocktailparties, Hochzeiten und andere festliche Gelegenheiten. Die können schrecklich teuer sein, aber betrachten Sie sie als eine Investition, von der Sie jahrelang profitieren können.

• Und schließlich sollte Ihre Schuhgarderobe Ihnen noch mindestens ein Paar der *modischsten Schuhe der Saison* gestatten (oder zwei, wenn Sie es sich leisten können oder etwas Reduziertes finden). Das ist eine denkbar einfache Möglichkeit, einen Trend aufzugreifen und sich plötzlich »in« zu fühlen.

Ein tolles Paar neuer Schuhe hebt nicht nur ein altes Outfit, sondern es kann Ihre ganze Erscheinung und Ihr Selbstbild ändern. Nehmen wir eine Frau, die immer flache Schuhe oder Ballerinas mit einem klitzekleinen Absatz trägt. Wenn man sie dazu bringt, mit leichten, fast unsichtbaren Strümpfen in einen hochhackigen Schuh zu schlüpfen, garantiere ich Ihnen, daß sie sich plötzlich sexy fühlen und wahrscheinlich sofort losmarschieren und all ihre Röcke kürzen lassen wird. Was ich Ihnen damit sagen will, ist, daß Schuhe Ihr Aussehen wirklich verändern können. Und so wie ein hoher Absatz Ihre Beine verlängert, kann das richtige Paar Schnürschuhe im Herrenstil Ihrem Hosenanzug einen neuen Touch von Autorität verleihen (von der Bequemlichkeit ganz zu schweigen).

Die erste Frage jeder Kundin, der ich gerade zu einem Kleid oder einer kompletten Garderobe verholfen habe, lautet stets: Betty, welche Schuhe soll ich dazu anziehen? Und gleich danach kommt: Und welche Strümpfe passen dazu? Auch bei Strumpf-Entscheidungen gibt es also Unsicherheiten – und die meisten Frauen brauchen hier Hilfe. Schuhe und Strümpfe können umwerfende Accessoires sein, aber Sie müssen lernen, sich über die Basics in Schwarz, Braun oder Beige hinauszuwagen. Natürlich sind blickdichte schwarze Strümpfe eine der besten Erfindungen, die der Mode (und Frauenbeinen) in letzter Zeit passiert ist. Sie verbergen wirklich eine Vielzahl von Fehlern. Sie lassen kräftige Beine schlanker erscheinen und sie kaschieren all die Venen und Flecken, die sich im Laufe der Jahre an unseren Beinen abzeichnen.

Es hieße aber, die Vorteile aller verschiedenen Arten von Strumpfhosen zu ignorieren, wenn Sie immer bei den Standardmodellen blieben. Ich liebe sie alle und halte sie für wundervolle Accessoires. Accessoires, die – vielleicht weil man sie fast tagtäglich braucht –, was ihren modischen Stellenwert angeht, oft unterschätzt werden. Nehmen Sie sich bei Ihrem nächsten Einkauf ein paar Minuten Zeit, um sich in der Strumpfabteilung tatsächlich umzusehen, statt nur hineinzulaufen und Ihre üblichen Vorräte in langweiligem Schwarz und Beige aufzustocken. Betrachten Sie die ausgestellten Waren, vergleichen Sie die verschiedenen Strukturen, Stärken und

Farben. Das ist gerade am Beginn einer neuen
Saison eine gute Idee. Schon fünf Minuten in der
Strumpfabteilung geben Ihnen einen Eindruck
von den gefragten Farben und Mustern. Und da
Sie schon dort sind und sie alle vor sich haben,
warum dann nicht einige Paare mitnehmen (etwas
anderes als das, was Sie normalerweise kaufen)
und mit ihnen experimentieren? Dies ist eine der
Gelegenheiten, bei denen ein wichtiges Kleidungsstück – eines mit der Macht, einen
Look sofort aufzufrischen – wirklich für
jeden Geldbeutel erschwinglich ist.

Frühling und Sommer sind die Jahreszeiten, in denen wir
alle die Nase voll davon haben, uns täglich in eine Strumpfhose
zu zwängen. Wenn Sie die Beine dazu haben (und man an
Ihrem Arbeitsplatz keine Einwände hat), nutzen Sie das warme
Wetter und gehen Sie ohne. Wenn Sie jedoch das Gefühl haben,
daß Sie das ganze Jahr hindurch etwas auf Ihren Beinen möchten oder brauchen, entscheiden Sie sich für eines dieser hauchdünnen, fast unsichtbaren Gewebe. Ich vergleiche sie gerne mit
Make-up-Grundierungen fürs Gesicht: keines von beiden sollte
auffallen, doch irgendwie bringen sie es fertig, Ihre Haut (und
Ihre Beine) beinahe makellos aussehen zu lassen. Viele dieser
hauchdünnen Strümpfe glänzen auch ein bißchen; das läßt sie
fast fragil wirken und macht sie perfekt für die Abendgarderobe. Matte Versionen passen gut zu Kleidern und Kostümen im
Büro.

Sobald der Herbst und der Winter heranrücken, fangen die
dickeren Strümpfe und Strumpfhosen an, richtig interessant zu
werden. Jetzt kommen all die reichen Herbsttöne heraus, die ver-
schlungenen Muster und luxuriösen Strukturen, als Ergänzung
zu den schwereren, wolligeren Kleidern der Saison. Von den
dunklen Blickdichten – in Weinrot, Dunkelblau, Braun, Wald-
grün und natürlich Schwarz – kann man sich einen Vorrat passend zur Garderobe für kaltes Wetter anlegen. Sie harmonieren
gut mit den Farben der Kleidung und ihre dickere Struktur hält
Sie auch dann warm, wenn Sie mal an einem rauhen Wintertag
beschließen, einen kurzen Rock zu tragen. Ich wähle die
Strumpfhose oft passend zur Farbe des Oberteils. Zum Beispiel:

dunkelgrüner Pullover, schwarzer Rock, dunkelgrüne Strümpfe. Das läßt die Kombination wie einen vollständigen Look aussehen.

Ich weiß, daß man Frauen eingebleut hat, daß – außer bei ganz dünnen hautfarbenen Strümpfen – Schuhe und Strümpfe denselben Farbton haben müssen. Ich sage Ihnen, zur Hölle mit diesen sogenannten Regeln! Natürlich sieht es manchmal toll aus, eine blickdichte braune Strumpfhose zu braunen Schuhen zu tragen. Das betont die Beine und macht sie länger, besonders bei einem kurzen Rock. Aber nehmen wir mal an, Sie tragen ein graues Flanellkostüm mit einem schokoladenbraunen Top darunter und braune Wildlederpumps. Dunkelbraune Strümpfe würden dazu zu schwer und das ganze Outfit langweilig wirken. Entscheiden Sie sich statt dessen für ein fast schwarzes Taupe, gibt das Ihren Beinen ein bißchen Farbe, ohne mit der übrigen Kleidung zu konkurrieren.

Wenn Sie bei Strümpfen wirklich etwas wagen wollen, sollten Sie sich unbedingt bei den verschiedenen Strukturen, Mustern und Farben umtun. Sie können mit Mustern spielen, wenn Sie zum Beispiel eine gerippte Strumpfhose zu einem karierten Rock tragen oder vielleicht Fischgrätmuster zu einem dicken Tweedkostüm. Etwas plump wirkende Strickstrumpfhosen gibt es auch in dünneren Versionen (die dem Bein mehr schmeicheln). Sie passen wunderbar zu einem wolligen Pulloverkleid oder Kamelhaarsachen. Selbst Netzstrümpfe haben ein Comeback erlebt. Mein Rat dazu: Wenn Sie Netzstrümpfe tragen wollen, ziehen Sie ein anderes Paar Strümpfe (durchsichtige, blickdichte, bunte oder was auch immer) darunter, damit Ihnen die Netzstrümpfe nicht den ganzen Tag lang ins Fleisch schneiden. Autsch!

Machen Sie das Beste
aus Ihren natürlichen Anlagen

Genau betrachtet, sind Ihre besten Accessoires wohl die, mit denen Sie geboren wurden. Und damit meine ich Ihr Gesicht und Ihr Haar. Natürlich sehen beide normalerweise besser aus, wenn Sie Ihren natürlichen Anlagen ein kleines bißchen nachhelfen – etwa indem Sie sich einen Super-Haarschnitt gönnen, eine professionelle Gesichtsbehandlung oder ein dezentes Make-up. Ein kleines bißchen Kosmetik sorgt nun mal dafür, daß Frauen sich besser fühlen. Jedesmal, wenn ich eine Kundin habe, die wirklich zufrieden ist mit dem, was sie soeben gekauft hat, läuft sie schnurstracks in die Kosmetikabteilung, um sich eine neue Lippenstift- oder Nagellackfarbe zuzulegen. Um ehrlich zu sein, sehe ich nie leere Kosmetiktheken – Frauen scheinen sich um die Tester und Gratisproben geradezu zu reißen. Schließlich ist Make-up ein wunderbares Accessoire (und genau wie in der Mode wechseln die »In«-Farben jede Saison). Also ist der Kauf eines neuen Lippenstifts wahrscheinlich die einfachste und preiswerteste Methode, um sich einen neuen Trend anzueignen und sich modisch zu fühlen.

Bis vor einigen Jahren arbeitete ich mit einer Kollegin aus der Kosmetikabteilung zusammen, die heraufkam und meine Kundinnen schminkte, wenn sie etwas Neues gekauft hatten. Jetzt versuche ich, mich da rauszuhalten, auch wenn immer noch viele Frauen mich um Rat fragen, welchen Lippenstift sie zu einem bestimmten Kleid tragen sollen. Dank der vielen Möglichkeiten, die man heute hat, ist alles viel individueller geworden. Die meisten Frauen, die ich kenne, sind so damit beschäftigt, stundenlang ein fast unsichtbares Make-up aufzutragen, daß sie sicher nicht hören wollen, sie könnten ein bißchen mehr Farbe im

Gesicht vertragen. Aber ich glaube wirklich, daß die Farben wiederkommen werden und sich dieser minimalistische »Ich-trage-kein-Make-up«-Look nicht mehr lange halten wird. Wenn Sie sich bei den jungen Mädchen umsehen, entdecken Sie all diese unglaublich kräftigen Nagellackfarben – blau, gold, purpur. Wenn es bei den Zehen anfängt und zu den Fingern hinaufwandert, wo werden diese Farben dann als nächstes auftauchen?

Ich selbst bin bei Kosmetika preisbewußt. Ich bin mit Make-up von Max Factor aufgewachsen und kann daran nichts Schlimmes finden. Alle Kosmetikhersteller produzieren ähnliche Farben. Inzwischen erfolgt das Aufgreifen von Trends der hochpreisigen Marken über Nacht – genau wie in der Kleidermode. Ich finde das großartig. Denn das bedeutet, daß heute jede Frau so modisch sein kann, wie sie möchte. Und daß es keine Rolle spielt, wo Sie einkaufen. Mir ist es egal, ob die Sachen von einer preiswerten Ladenkette oder aus dem Nobelkaufhaus stammen.

Wenn Sie schon darauf achten, Ihrem Gesicht mit ein bißchen Make-up zu schmeicheln, sollten Sie auch Ihren übrigen Körper nicht vergessen. Behandlungen wie Gesichtsmasken, Massagen, Maniküre und Pediküre sind das Beste, was Sie Ihrem Körper gönnen können. Wir arbeiten doch, weiß Gott, hart genug, verdienen wir es also deshalb nicht alle, uns hin und wieder zu verwöhnen? Selbst wenn Sie das Geld für eine professionelle Schönheitsbehandlung nicht haben oder nicht ausgeben wollen (obwohl ich Ihnen eine gründliche Gesichtsbehandlung zur Belebung Ihres Teints alle paar Monate dringend empfehle), sollten Sie sich jede Woche ein paar Minuten Zeit nehmen, um sich zu Hause zu pflegen. Es ist keine Kunst, sich selbst mit den nötigen Utensilien (einer Feile, einem Stäbchen zum Zurückschieben der Nagelhaut, einem Bimsstein,

Unter-, Ober- und farbigem Nagellack), die Sie in jeder Drogerie bekommen, eine Maniküre oder Pediküre zu machen. Ich wette, daß Sie das locker in der Zeit schaffen, in der Ihre Lieblingsfernsehserie läuft.

Man kann Make-up und Maniküre als nette Extras betrachten, ein guter Haarschnitt dagegen ist wirklich eine Notwendigkeit. Ich kann Sie in die tollsten Klamotten stecken, die Sie je gesehen haben, aber wenn Ihr Haar eine Katastrophe ist – unmodern oder völlig kaputt –, würde das tatsächlich von Ihrem Aussehen ablenken. Es ist sehr vernünftig, seinen Haarschnitt mindestens einmal jährlich neu zu überdenken. Besonders wenn Sie gerade eine große Veränderung in Ihrem Leben durchlaufen (der erste Job, eine Beförderung, die Eheschließung) und Sie vorhaben, in eine neue Garderobe zu investieren. Es ist besser, wenn Sie sich zuerst die Haare machen lassen, bevor Sie shoppen gehen. Wenn Sie es in dieser Reihenfolge machen, ist das so, als würden Sie mit der folgenden Ankündigung den Laden betreten: Ich habe mir gerade die Haare schneiden lassen, jetzt bin ich vom Hals aufwärts wie neu und brauche etwas für untenherum.

Wenn Sie abenteuerlustig sind und Ihr Aussehen wirklich verändern wollen, ist der auffälligste »Schauplatz«, um damit zu beginnen, Ihr Haar. Sie können Ihren Look mit einem neuen Schnitt völlig verändern. Sie betreten den Salon als eine Person und spazieren als eine völlig andere wieder heraus. Eine neue Frisur bringt Sie vielleicht darauf, sich anders zu kleiden, mit einem neuen Stil zu experimentieren und ein neues Make-up auszuprobieren. Sie gibt Ihnen ein ganz neues Gefühl von Freiheit. Ich habe Frauen erlebt, die plötzlich bereit waren, ihren Kleiderstil zu ändern und neue Dinge zu wagen, nachdem sie eine neue Frisur hatten. Manche entschließen sich plötzlich, Hosen zu tragen, was sie vorher nie getan haben. Andere experimentieren mit aufreizenderer Kleidung oder greifen zu einer kräftigeren Farbe, die sie früher nie zu tragen gewagt hätten. Ich sage oft, daß eine neue Frisur wie ein neues Schmuckstück ist – beide können Ihr Aussehen ändern und mit beiden lassen sich alte Outfits neu beleben.

Trotz allem ist es, wie eine alte Freundin von mir mich gerne erinnert, ja nur Haar. Wenn Sie also einmal einen schlechten Schnitt erwischt haben, wird er in ein paar Monaten herausgewachsen sein. Aber gerade deshalb ist ein guter Haarschnitt oft auch ein bißchen mehr Geld wert. Sie müssen jemanden finden, der Ihnen diesen Schnitt macht – und das ist nicht unbedingt in Ihrer nächsten Umgebung. Denn Sie wollen doch sicher nicht in einen dieser Läden geraten, wo jedem Kunden 15 Minuten zustehen und die Friseure Ihnen wie am Fließband einen Schnitt aus einer begrenzten Anzahl von Variationen verpassen, ohne sich groß um Ihre besonderen Bedürfnisse, Ihre Gesichtsform oder Ihre Haarstruktur zu kümmern. Beim Schnitt sollten Sie also etwas großzügiger sein. Sie müssen danach ja nicht unbedingt alle sechs oder acht Wochen zum Nachschneiden zu diesem Super-Spitzen-Coiffeur zurückkehren. Ich würde Ihnen folgendes vorschlagen: Sobald Sie einen Schnitt haben, der Ihnen wirklich gefällt, gehen Sie zum Friseur in Ihrer Nachbarschaft und zeigen Sie ihm Ihren Kopf. Lassen Sie ihn den Schnitt so sehen, wie er gedacht ist, und nicht erst dann, wenn er herausgewachsen ist und Sie von ihm verlangen, etwas nachzumachen, das er nie gesehen hat. Wenn es dann Zeit zum Nachschneiden ist, können Sie bedenkenlos Ihren lokalen Friseur aufsuchen und ihm diese Auffrischung anvertrauen.

Nach dem Vorbild von Filmstars (die ihre Frisur für jede Rolle ändern) und Supermodels wie Linda Evangelista benutzen

Ich komme gerade vom Friseur: Jetzt ziehen Sie mich an!

immer mehr Frauen Haarfarben als Accessoires – so wie man bisher nur Lippenstift und Nagellack verwendete. Manche ändern ihre Haarfarbe wirklich genauso oft. Ich halte davon nicht besonders viel, vor allem, weil es für die Haare nicht sehr gesund sein kann. Aber es spricht natürlich nichts dagegen, Ihre Haarfarbe von Zeit zu Zeit zu ändern, entsprechend Ihrer Stimmung oder der aktuellen Mode. Passen Sie nur auf, daß Sie sich nicht so intensiv mit Ihrer Haarfarbe befassen, daß darüber die Farben Ihrer Garderobe zu kurz kommen. Ich habe eine Kundin, die nur Marineblau und Schwarz trägt, weil sie so besorgt ist, sonst in Konflikt mit ihrer Haarfarbe zu geraten. Vom Hals an aufwärts ist sie eine Art Chamäleon (ich habe von Blond über Kastanienbraun bis zu Rot und Braun schon alles an ihr gesehen), vom Hals an abwärts bleibt dagegen alles absolut gleich.

Auch wenn beim Thema Haare große Unsicherheit herrscht, glaube ich nicht, daß man sich zu sehr an einen Friseur oder einen Schnitt klammern sollte. Der halbe Spaß ist auch hier das Experimentieren. Probieren Sie einfach mal etwas Neues aus! Es

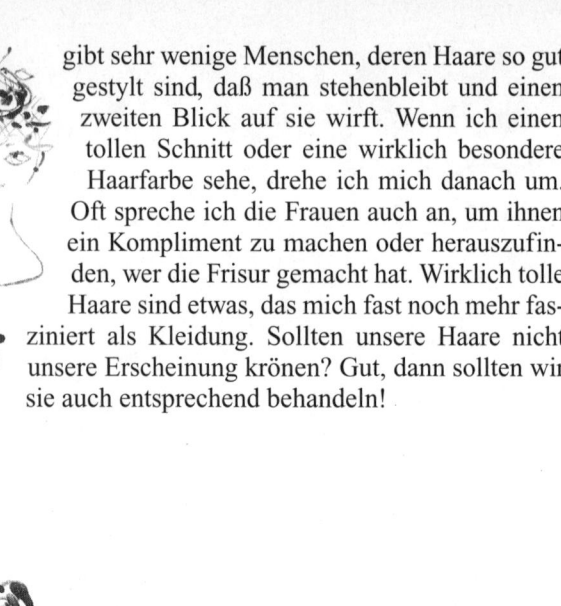

gibt sehr wenige Menschen, deren Haare so gut gestylt sind, daß man stehenbleibt und einen zweiten Blick auf sie wirft. Wenn ich einen tollen Schnitt oder eine wirklich besondere Haarfarbe sehe, drehe ich mich danach um. Oft spreche ich die Frauen auch an, um ihnen ein Kompliment zu machen oder herauszufinden, wer die Frisur gemacht hat. Wirklich tolle Haare sind etwas, das mich fast noch mehr fasziniert als Kleidung. Sollten unsere Haare nicht unsere Erscheinung krönen? Gut, dann sollten wir sie auch entsprechend behandeln!

Kapitel 4

Black is Beautiful

Zeigen Sie Ihre dunkle Seite

10 Gründe, warum Schwarz immer besser ist

1. Es wird nie unmodern. (Mit anderen Worten, wenn Sie sich eine teure Anschaffung leisten, setzen Sie auf Schwarz.)
2. Es paßt zu allem.
3. Sie können dasselbe schwarze Kleid, Kostüm, denselben schwarzen Rock, Pullover oder dieselbe schwarze Hose fünfmal pro Woche anziehen, und es wird kaum jemand auffallen.
4. Sie können die Sachen jahrelang tragen und müssen sie so gut wie nie reinigen lassen.
5. Selbst ein Rotweinfleck kann ihnen nichts anhaben.
6. Es läßt Sie wirklich dünner aussehen.
7. Es sieht teuer aus – selbst wenn es das nicht ist.
8. Sie können die Sachen das ganze Jahr hindurch und zu jedem Anlaß tragen.
9. Sie können diese wundersamen, alles verbergenden blickdichten schwarzen Strumpfhosen dazu tragen.
10. Die Sachen passen (fast) immer zusammen.

Alle in der Modebranche – von den Designern über die Moderedakteurinnen der Zeitschriften bis zu den Einkäufern der Kaufhäuser – beklagen sich von Zeit zu Zeit, daß die Mode in den letzten Jahren so langweilig geworden ist, weil alle immer Schwarz tragen. Und alle paar Saisons können sie sich kaum einkriegen vor lauter Aufregung über die Ankündigung der »Rückkehr der Farben«. Also, wenn Sie jemals bei einer der großen Modenschauen waren (oder eine im Fernsehen gesehen haben), ist Ihnen das schlecht gehütete Geheimnis der Mode-Industrie sicher nicht entgangen, weil das ganze, und ich meine das wirklich wörtlich, das ganze Publikum von Kopf bis Fuß Schwarz trägt. All diese sogenannten Trendsetter und Modezaren scheinen sich vom simplen Schwarz nicht trennen zu können – selbst wenn in den schönsten Farben gekleidete Models an ihnen vorbeiparadieren, selbst wenn sie über die ach so moderne Farbe der Saison berichten, selbst wenn sie den Designern bestätigen, wie wunderschön Frauen in bunten Farben aussehen. Und es gibt einen guten Grund für diese Liebe der Mode zu Schwarz. Genauer gesagt, gibt es dutzendweise gute Gründe. Und ich würde mich selbst belügen, wenn ich mich dem nicht anschließen und zugeben würde: Black is Beautiful. Es ist zeitlos. Es ist praktisch. Es ist sexy. Es macht schlank. Und vor allem ist es schlicht.

Ich liebe hellere Töne und Saisonfarben, die sich mit dem Wetter ändern. Nachdem ich den Sinn für Farben von meiner Mutter geerbt habe, kenne ich keine Hemmungen, wenn es darum geht, verschiedene wunderbare Farbtöne zu mischen. Und wenn ich in die Pulloverabteilung komme, zieht es mich noch immer als erstes zu meinen Lieblingsfarben. Aber ich bin eine berufstätige Frau. Und wie andere berufstätige Frauen stehe ich morgens auf und muß schnell angezogen sein; das einfachste, wonach ich da greifen kann, ist Schwarz. Natürlich trage ich im Gegensatz zu den meisten schwarzsüchtigen Minimalistinnen selten schmuckloses, düsteres Schwarz auf Schwarz. Ich mag Schwarz, weil es ein guter Untergrund für alles ist, was ich darauf sehen will – meine große, silberne Insektenbrosche, einen Hals voller Perlen, meine übliche klingelnde Armreifenkollektion oder einen leuchtend bunten Pullover.

Die meisten Frauen greifen jedoch einfach deshalb automatisch jeden Morgen nach Schwarz, weil es nicht viel Nachdenken erfordert. Es vereinfacht die Organisation Ihres Kleiderschranks, verkürzt Ihre Einkaufs-Trips und spart Ihnen viele Besuche in der Reinigung. Und als zusätzlicher Sparaspekt wäre noch zu erwähnen, daß Sie bei einer schwarzen Garderobe mit einer einzigen Handtasche auskommen (einer schwarzen natürlich) und mit einem oder zwei Paar Schuhen (in – na, Sie wissen schon was).

10 Möglichkeiten, um die Grundfarbe Schwarz zu beleben

1. Schlingen Sie sich einen Schal mit Leopardenmuster um den Hals oder einen ebenso gemusterten Gürtel um die Taille.
2. Legen Sie sich eine dicke Gold- oder Silberkette um.
3. Probieren Sie Strümpfe in einer anderen Farbe oder mit einer besonderen Struktur aus.
4. Nutzen Sie die Gelegenheit, um diese knallrosa Schuhe zu tragen, von denen Sie dachten, daß sie zu nichts passen.
5. Dasselbe gilt für die rote Lackleder-Handtasche, die Sie im Schlußverkauf erstanden haben.
6. Ziehen Sie einen Pullover oder eine Bluse in Ihrer Lieblingsfarbe unter ein schwarzes Kostüm an.
7. Eine kurze Perlenkette oder bunte, falsche Perlen machen einen tiefen Ausschnitt interessant.
8. Dressen Sie ein schwarzes Kostüm mit ein bißchen anderen Materialien und Farbe up oder down (zum Beispiel mit einem Seidenhemd am Abend oder einem genoppten Wollpullover am Wochenende).
9. Haben Sie keine Scheu, schwarze Sachen mit anderen neutralen Basiselementen wie dunkelblauen Schuhen oder einem braunen Gürtel zu kombinieren.
10. Probieren Sie eine Farbe, die Sie normalerweise nicht tragen würden, mit einem schwarzen Kostüm. So ist zum Beispiel Meerschaumgrün, wenn es nicht zuviel Gelb enthält, eine erfrischende Abwechslung zu dem üblichen Weiß oder Rot, das Sie normalerweise zu Schwarz tragen.

Das einzig wirklich Schwierige bei einer ausgeprägten Vorliebe für Schwarz ist, morgens aus einem Meer dunkler Sachen das Richtige herauszufischen. Mir ist es egal, was die Verleumder sagen, meines Erachtens sehen nämlich nicht alle schwarzen Sachen gleich aus. Sie lernen ein schwarzes Kleid vom anderen durch Stil und Paßform zu unterscheiden. Oder vielleicht sollten Sie sich einfach selbst vorsagen: »Ich ziehe heute nicht wieder eines meiner üblichen schwarzen Outfits an, sondern mein Strickkostüm oder das sexy enge Kleid.« Auch so können Sie ein schwarzes Kleidungsstück vom anderen unterscheiden.

Ich habe eine Freundin, die sich tagtäglich in Schwarz hüllt, und ich *meine wirklich,* »hüllt«, von den Haaren über die Brille und die Kleidung bis zu den Schuhen. Die Leute sagen, sie sehe immer aus, als ginge sie zu Halstons Beerdigung. Aber zweifellos sieht sie schick aus, auf die typische New Yorker Art und Weise schick. Aber egal, wie gern Sie sich hinter dem Schutzschild aus all dem Schwarz verstecken, von Zeit zu Zeit müssen Sie die Monotonie unterbrechen. Wenn Sie Schwarz tragen, sehen Sie es nur als den Rahmen – das Bild in diesem Rahmen braucht ein paar interessante Akzente. Da Schwarz nun mal konservativ – und, seien wir ehrlich, manchmal sogar langweilig – ist, braucht es Verzierungen. Zunächst brauchen Sie einmal einen guten Haarschnitt. Ein Paar schöne Ohrringe, gute Schuhe und eine ordentliche Handtasche (und Sie können diese Accessoires als eine Möglichkeit nutzen, wenigstens ein bißchen von einer sanften oder kräftigen Farbe ins Spiel zu bringen).

Wenn ich in meiner eher analytischen Rolle als Modetherapeutin sprechen soll, muß ich sagen, daß es neben all den absolut treffenden, vernünftigen, logischen und bewußten Gründen, Schwarz zu tragen, noch einen dunkleren gibt, den niemand zugeben möchte: Unsicherheit. Frauen – sogar die scheinbar selbstbewußtesten und modischsten – fühlen sich in Schwarz sicher. Sie fühlen sich richtig angezogen. Sie wissen, daß sie gut aussehen, aber nicht auffallen werden. Seien wir ehrlich, es ist sehr viel furchterregender und braucht eine Menge mehr Mut, in einem hautengen roten Kleid auf eine Party zu gehen, als in einem hautengen schwarzen. Das gleiche gilt für ein geschäftsmäßiges Kostüm. Wer möchte schon die einzige auf der Konferenz sein, die nicht im Meer dunkler Farbtöne untertaucht. Ich habe Kundinnen, die hereinkommen und zu mir sagen: »Betty, ich kann einfach nichts Schwarzes mehr kaufen.« Aber das ist meist nur ein Lippenbekenntnis. Die betreffende Frau ist mit Schwarz extrem sicher geworden und hat zuviel Angst vor Abenteuern. Für sie wäre es ein erschütterndes Erlebnis, zu einer der helleren, grelleren Farben zu wechseln; das käme einem Kulturschock gleich.

Die Frage lautet also: Wie durchbrechen Sie diese schwarze Mauer, ohne sich zu bunt und zu verletzlich zu fühlen? Die

Lösung lautet, nicht im Rahmen eines Outfits von einem Extrem ins andere zu fallen. Wenn die Leute es gewöhnt sind, Sie von Kopf bis Fuß in Schwarz zu sehen, werden Sie natürlich extrem auffallen, wenn Sie plötzlich eines Tages komplett in Pink gewandet auftauchen. Wie bei den meisten Abhängigkeiten ist der kalte Entzug der härteste. Gehen Sie Ihren Weg von der Schwärze hin zur Farbe lieber langsam. Fügen Sie hier und da ein bißchen Farbe hinzu. Aber geben Sie sich selbst nie das Gefühl, Ihr geliebtes Schwarz irgendwann für immer hinter sich lassen zu müssen. Bei Gott, einige der modischsten und bestangezogenen Frauen der Welt haben das nie getan ... und werden es vermutlich auch nie tun.

Wie Sie wissen, wann Sie genug haben

◆ Sie wissen, was man über zuviel von etwas Gutem sagt, und ja, diese Weisheit gilt sogar auch für Ihren Kleiderschrank.

◆ Leute, die Sie kaum kennen, kommen auf Sie zu und kondolieren zu Ihrem kürzlichen Verlust.

◆ Ihre Freunde sagen Ihnen, Sie sähen lebensprühend aus, wenn Sie sich in Anthrazit statt in Schwarz kleiden.

- Selbst Sie sind nicht mehr in der Lage, Ihre Kleider auseinanderzuhalten.
- Sie müssen eine Leuchtstoffröhre in Ihrem Kleiderschrank installieren, denn die überwältigende Schwärze der Kleider macht es unmöglich, irgend etwas zu sehen.
- Einkaufen gehen wird langweilig, weil die schwarzen Sachen, nach denen Sie automatisch greifen, wirklich anfangen, alle gleich auszusehen.

Liebe Gewohnheiten aufgeben

Ich bin immer wieder erstaunt, wieviel Angst Frauen davor haben, ihre Kleidungsstücke zu mischen. Ich sehe in ihre Schränke (und vielleicht sieht es bei Ihnen genauso aus), und da sind sie – all die festgelegten Outfits, sie hängen in einer langen Reihe wie kleine Soldaten. Das ist fast wie bei diesen Kleidern mit Tieretiketten, die es in Amerika mal für Kinder gab: Alle Sachen mit Löwenetikett paßten zusammen. Aber wenn auf dem einen Etikett ein Löwe und auf dem anderen ein Affe abgebildet waren, dann war das falsch und die Sachen paßten nicht zusammen. Das mag für Fünfjährige prima sein, aber warum haben wir als Erwachsene solche Skrupel, all die verschiedenen Spezies zu mischen? Okay, manchmal geht ein wahres Monster daraus hervor, aber wenn man es richtig anstellt, ist das Kombinieren von Einzelstücken die beste, einfachste und preiswerteste Methode, um Ihre Garderobe zu erweitern. Und natürlich ist es der beste Weg, um eine Abhängigkeit von »Schwarz total« zu durchbrechen, ohne sich selbst oder die Menschen, die an den schwarzen Anblick gewöhnt sind, zu schocken.

Was Sie beim Mixen und Kombinieren tun und lassen sollten

- Eine kastenförmige Kostümjacke zu Jeans läßt Sie wie eine Schachtel mit Beinen aussehen.

◆ Nicht alle Farben (selbst die vom gleichen Farbton) sind gleich: Bevor Sie das braune Sakko mit der braunen Hose kombinieren, die Sie hinten in Ihrem Schrank gefunden haben, sollten Sie sich vergewissern, daß sie wirklich zusammenpassen.

◆ Taillierte Jacken und gerade geschnittene Röcke sind eine fast idiotensichere Kombination.

◆ Nur weil Ungaro und Geoffrey Beene dafür bekannt sind, kräftige Muster mit kräftigen Mustern zu mischen, heißt das nicht, Sie sollten das gleiche auf eigene Faust versuchen. Die Wahrscheinlichkeit ist groß, daß die Leute Sie für farbenblind halten, bevor sie daran denken, Sie könnten ein Original von Ungaro oder Beene tragen.

◆ Lassen Sie sich von kunstvollen Illustriertenfotos nicht irreführen: Einander beißende Farben im selben Outfit (wie eine rote Jacke zu einem rosa Pullover und einer orangefarbenen Hose) sehen selten schick aus.

◆ Klassische Hosen im Männerschnitt kann man unbesorgt mit den meisten Jacketts, Pullovern und auch mit einem einfachen T-Shirt kombinieren.

◆ Ein weiter Rock mit einem schlabbrigen Blazer läßt Sie aussehen wie im achten Monat – egal wie dünn Sie sind.

◆ Elegant und lässig sind schwer zu mixen. Eine weiche Strickjacke kann zu einem Taftrock toll aussehen, aber versuchen Sie nicht, einen wollenen Gabardinerock mit einer Taftjacke zur Arbeit zu tragen.

Mit Schwarz bekommen Sie wirklich in mehrerlei Hinsicht viel für Ihr Geld. Zum einen verbirgt Schwarz eine Reihe von Sünden – nicht nur figürliche –, sondern auch solche, die im Schnitt des Kleidungsstücks liegen. Bei bunten Sachen, die nicht wirklich gut gemacht und aus schönem Stoff sind, fallen die Schwächen viel stärker ins Auge. Die Nähte, der Sitz der Taschen, die Säume – all das ist gut sichtbar. Bei Schwarz jedoch bleibt es fast unsichtbar. Gehen Sie mal in einen größeren Laden und probieren Sie es aus: Legen Sie fünf schwarze Röcke (aus den verschiedensten Preislagen, vom Sonderangebot bis zum Designerstück) nebeneinander. Und jetzt unterziehen Sie sich der schwierigen Aufgabe, die Unterschiede zu erkennen. Machen Sie dasselbe Experiment mit, sagen wir mal, einem pastellrosa Rock. Hier könnten Sie wahrscheinlich auf einen Blick die billigen von den teuren unterscheiden.

Der andere wertsteigernde Aspekt schwarzer Sachen ist, daß

Sie sie so gut miteinander kombinieren können. Bei den hohen Preisen, die Kleider heutzutage haben, halte ich es für äußerst wichtig, daß man diese vielseitig nutzen kann. Mit anderen Worten, damit sie ihr Geld wert sind, müssen Kleider mehr als ein Leben haben. Nehmen wir das Beispiel einer Frau, die mich kürzlich aufgesucht hat, weil sie ein Kleid für ein Diner benötigte. Sie kaufte schließlich ein kleines schwarzes, ärmelloses Kleid, zu dem eine taillierte Jacke gehörte. Jetzt kann sie die Kombination so, wie sie gedacht ist, zum Ausgehen oder auf Parties tragen, sie kann aber auch das Kleid allein anziehen und es mit einem Schal oder einer Kette für feierlichere Anlässe herausputzen.

Aber das Schöne daran ist, daß das nicht die einzigen Möglichkeiten sind, die sie hat. Ich empfahl ihr, zu Hause ihre Röcke hervorzuholen. Mit der Jacke über einer weißen Bluse und einem ihrer geraden oder plissierten Röcke, hatte sie eine Reihe neuer »Kostüme« fürs Büro. Wenn sie das Kleid mit anderen Kostüm- oder Strickjacken kombiniert, ergibt das noch mehr Variationen. So holt man den wahren Wert aus Kleidern heraus. Wenn Sie ein Outfit kaufen und damit in der Lage sind, auf der Basis eines Outfits ein halbes Dutzend weitere zu kreieren, indem Sie die neuen Sachen mit denen mixen, die Sie bereits im Schrank haben, dann wissen Sie, daß Sie gut gewählt haben. Und nebenbei entdecken Sie das Geheimnis, wie man die schwarze Monotonie aufbricht, ohne sich gleich von allem trennen zu müssen.

Wir brauchen alle ein paar neutrale Stücke in unserer Garderobe. Selbst eine Frau, die völlig verrückt nach Farben ist und täglich einen wahren Regenbogen am Schattierungen trägt, braucht eine Art Grundlage, auf der sie ihre farbenfrohen Ensembles aufbauen kann. Sie würden ziemlich komisch aussehen, wenn Sie immer in einem Kaleidoskop von Farbtönen herumlaufen würden. Stellen Sie sich vor: ein pinkfarbenes Jackett, ein gelbes Top, dazu ein dunkelblauer Rock und hellbraune Schuhe. Umgeben von neutralen Tönen sieht dasselbe Jackett dagegen absolut großartig aus. Und hier ist Schwarz wirklich Gold wert. Sicher macht es Spaß, aus einer Laune heraus knallbunte Schuhe zu kaufen, aber wir würden alle pleite machen (und unsere Schuhschränke sprengen), wenn wir passend zu jedem Outfit Schuhe im entsprechenden Farbton haben müßten. Aber es gibt fast nichts, wozu schwarze Schuhe und eine schwarze Handtasche nicht passen. Umgekehrt sieht ein Paar Schuhe in einer kräftigen Farbe zu jedem Stück aus Ihrer »Black is Beautiful«-Garderobe gut aus.

Wenn Sie Schwarz als Grundfarbe – nicht als dominierenden Ton – Ihrer Garderobe wählen, wird das die Anzahl der möglichen Kombinationen aus dem, was Sie bereits besitzen, automatisch vergrößern. Sie brauchen gar nicht so viel Farbe in Ihrem Schrank, um den Eindruck zu vermitteln, daß Sie etwas anderes tragen als immer wieder dasselbe alte schwarze Kostüm. Haben Sie keine Scheu, die einzelnen Teile zu trennen. Ein Outfit zu kaufen, ist prima. Aber es nur in dieser Form zu tragen, wäre dumm. Trennungen sind meistens schmerzhaft, aber es ist die ein-

zige Möglichkeit, Ihre Garderobe etwas aufregender zu gestalten. Tragen Sie nur Ihre vorgegebenen Ensembles, und Sie werden ständig jammern, nichts anzuziehen zu haben und ein neues Outfit einkaufen zu müssen. Nehmen Sie die Kombinationen auseinander, schieben Sie die Einzelteile hin und her, und plötzlich können Sie sich den Weg in die Boutique sparen. Sie haben ja schon ein neues Outfit!

Was Sie tun sollten, wenn Sie bereit sind, die Trennung zu wagen

Als eine typische Schwarz-Süchtige besitzen Sie zweifellos schon alle Basics – ein schwarzes Kostüm (Jacke und Rock), Hosen, Pullover und Strickjacken. Jetzt ist es an der Zeit, etwas anderes zu tun, als weiter diese schwarzen Teile miteinander zu kombinieren. Ja, es ist Zeit, mit der Monotonie zu brechen. Hier ein paar Vorschläge, wie Sie den Anfang machen können:

◆ Tragen Sie das schwarze Twinset mit den hellen Baumwollhosen, die Sie noch im Schrank haben.

◆ Kaufen Sie sich eine durchsichtige farbige Bluse (oder ein sexy Seidenhemd) und tragen Sie es abends mit schwarzer Hose, Jackett und hohen Absätzen.

◆ Investieren Sie in ein neues Twinset – diesmal in der heißesten Farbe der Saison –, und kombinieren Sie es mit all Ihren schwarzen Sachen.

◆ Tragen Sie den schwarzen Blazer zu allen anderen Röcken, die Sie im Schrank haben (wie sollte er nicht dazu passen, wenn er schwarz ist?), und stellen Sie sich so neue »Kostüme« zusammen.

◆ Wenn Sie Jacketts in anderen Farben haben, probieren Sie sie zu den schwarzen Röcken und Hosen, um noch mehr neue Kombinationen zu erfinden.

◆ Tragen Sie am Wochenende ein knallbuntes T-Shirt und Turnschuhe zu schwarzen Hosen.

◆ Variieren Sie die Materialien mit einer braunen Wildlederjacke zur schwarzen Hose oder einem schwarzen Pullover zu Samt-Jeans in einer kräftigen Farbe.

◆ Vergessen Sie die Accessoires nicht. Probieren Sie mal rote Schuhe oder einen Gürtel im Leopardenmuster zur schwarzen Hose. Peppen Sie ein schwarzes Sakko mit einem luxuriösen Seidentuch oder einem Samtschal in einer leuchtenden Farbe oder einem bunten Muster auf, den Sie unter dem Kragen tragen.

◆ Nicht alles, was Sie miteinander kombinieren, muß unifarben sein. Probieren Sie Ihre schwarzen Oberteile (die Pullover und Jacken) mit allen karierten, gestreiften oder sonstwie gemusterten Hosen und Röcken an. Das gleiche funktioniert natürlich auch umgekehrt: Dann kombinieren Sie die schwarzen Hosen und Röcke mit gestreiften T-Shirts, gemusterten Pullis und bedruckten Blusen.

Bringen Sie Farbe in Ihr Leben

Meiner Meinung nach ist, was Farben angeht, alles eine Frage der Wahrnehmung. Mit anderen Worten, wenn Sie eine Farbe so behandeln, als wäre sie ein schockierender Eindringling in Ihrer ansonsten düsteren und monochromen Garderobe, dann wird sie auch so wirken. Jedesmal, wenn Sie Ihren Kleiderschrank aufmachen, wird Ihnen dieses leuchtendpinkfarbene (rote, gelbe oder sonstwie bunte) Sakko ins Auge stechen, das da ganz alleine in einem Meer aus Schwarz hängt. Ich will Sie nicht in Versuchung führen, all Ihre schwarzen Sachen wegzugeben, aber um Ihre Garderobe ein bißchen aufzuhellen, sollten Sie anfangen, Farbe als ein Accessoire zu betrachten.

Frauen haben soviel Angst vor Farben – vor allem, wenn sie sich schon seit einigen Jahren hinter dem Schutzschild aus Schwarz verstecken. Sie sind dann an einem Punkt angelangt, wo sie tatsächlich nicht mehr wissen, was zusammenpaßt. Jedesmal wenn ich einer Kundin ein paar Teile bringe, deren Töne nicht aus der gleichen Farbfamilie stammen, kommt unweigerlich die Frage: »Paßt das denn zusammen?« Ich wiederhole dann, was meine Mutter (die nie auch nur das kleinste bißchen Angst vor bunten Sachen hatte) immer sagt: »Der Himmel ist blau, das Gras ist grün, und jede Blume hat eine andere Farbe.« Und irgendwie passen sie trotzdem alle zusammen. Wenn Sie daran zweifeln, sehen Sie doch einfach mal nach draußen und schauen Sie sich an, wie gut diese verschiedenen Farbpaletten miteinander harmonieren. Die Natur versteht offenbar ein bißchen was vom Farbenmischen!

Ich will Ihnen jetzt nicht vorschlagen, loszulaufen und anzufangen, sich Kleider zu kaufen, in denen Sie wie ein Garten voller Frühlingsblumen aussehen. Ich möchte Ihnen jedoch klarmachen, daß man verschiedene Farben erfolgreich zusammenbringen kann, egal ob als kunter-

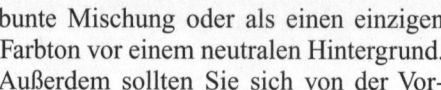

bunte Mischung oder als einen einzigen Farbton vor einem neutralen Hintergrund. Außerdem sollten Sie sich von der Vorstellung verabschieden, daß Teile, die zusammenpassen sollen, hundertprozentig dieselbe Farbe haben müssen. Eine Kundin von mir kaufte einmal als Geschenk für ihre Mutter einen korallenroten Kaschmirpullover, ich brachte ihr ein Paar dazu passende Kaschmirhandschuhe. Ihre erste Frage lautete: »Ist das denn die gleiche Farbe?« Meine Antwort lautete, nein, aber sie sind Ton in Ton. Es geht nicht darum, verschiedene Stücke von identischer Farbe zu finden, sondern es geht um die Zusammenstellung von Schattierungen und Tönen, die harmonieren. Denn schließlich, und das habe ich auch dieser Kundin damals erklärt, tragen Sie die Sachen ja nicht direkt übereinander. Und abgesehen davon, nehmen verschiedene Stoffe und Strukturen Farben ja unterschiedlich an, so daß es extrem selten ist, einen Pullover und ein Jackett zu finden, die in dem restriktiven Sinn, den meine Kundin meinte, zueinander passen. In den vierziger Jahren gab es mal eine Firma, die Pullover und Röcke exakt gleich einfärbte, aber das sah sehr steril und langweilig aus. Sind leichte Abweichungen in den Schattierungen nicht viel interessanter?

Anfängerinnen – Frauen, die aus irgendwelchen Gründen vor Farben zurückschrecken –, versuche ich immer ein einzelnes Stück (ein Pullover ist da besonders geeignet) in der gerade aktuellen Kontrastfarbe vorzuschlagen. Investition und Risiko sind klein, und es kann Ihre Grundgarderobe wirklich beleben und ihr einen modernen, sogar trendigen Touch geben. Wie beim Dekorieren Ihrer Wohnung sollten Sie in Ihrer Garderobe farbliche Akzente setzen. Eine neue Farbe in Ihrem Kleiderschrank einzuführen, ist so, als würden Sie ein paar neue Zierkissen in kräftigen Farben auf Ihrer alten Couch verteilen. Es macht doch einen deutlichen Unterschied, oder?

Meiner Ansicht nach gibt es bei Farben zwei mögliche Herangehensweisen: Entweder Sie setzen sie als kräftigen Akzent zu all Ihren neutralen Sachen ein, oder Sie behandeln die Farbe selbst als neutral und tragen sie zu allem anderen. Die Ergebnisse sind in beiden Fällen gleich, verschieden ist nur die Wahrnehmung. Ich finde, daß man jede Farbe als neutral betrachten kann, es kommt nur auf den Standpunkt an. Das Wort »neutral« würde ich wirklich gerne in die Köpfe der Leute bringen, denn nichts ist »fremd«, außer man behandelt es so. Wenn eine Kundin mir sagt, sie könne keinen roten Rock kaufen, weil er als einziges rotes Teil aus Ihrer Garderobe hervorstechen würde, dann rate ich ihr, ihn nicht als rot zu betrachten. Statt dessen empfehle ich ihr, ihn wie einen schwarzen Rock mit all ihren neutralen Oberteilen zu kombinieren.

Ein anderes Beispiel ist eine Kundin, die auf der Suche nach einem neuen Blazer zu mir kam. Ich fand eine tolle bananenfarbene Jacke, die ihr so perfekt paßte, daß sie darin wie ein Filmstar aussah. Aber natürlich lautete ihre erste Frage: »Was kann ich denn dazu anziehen?« Nun weiß ich zufällig, daß sie schon einen Schrank voller Basisteile besitzt – in Braun, Schwarz, Marineblau und grauem Flanell. Den neuen Blazer kann sie mit jedem dieser Stücke tragen, und es sieht einfach toll aus. Wie viele Alternativen wollen Sie noch bei einer einzigen kleinen Jacke? Das Geheimnis besteht darin, die Jacke einfach überzuwerfen, wie Sie es auch mit einem Schal tun würden. Nutzen Sie sie wie ein Accessoire. Nutzen Sie sie als eine Möglichkeit, all diesen langweiligen neutralen Tönen etwas Farbe hinzuzufügen.

Leute, die sich dazu durchgerungen haben, etwas Farbiges zu kaufen, fragen mich unvermeidlich, welche Farben sie tragen sollen. Es ist das Wort »sollen«, das mich daran stört. Ich finde nicht, daß es strenge, unumstößliche Regeln geben sollte, wenn man mit Farben spielt. Beschäftigt sich ein Maler mit einer Farbtabelle und einem Ratgeber, bevor er Farbe auf die Leinwand aufträgt? Natürlich nicht, und genausowenig sollten Sie das tun, wenn Sie sich ein Outfit zusammenstellen. Falls mich also eine Frau fragt, welche Farbe sie tragen soll, gebe ich die Entscheidung an sie zurück und lasse sie eine Vielzahl von Schattierungen anprobieren. Schließlich geht es nicht darum, welche Farben ich ihr zuordnen würde oder welche Farbe sie glaubt tragen zu sollen. Es geht vielmehr um die Farben, in denen sie sich spontan gefällt, wenn sie in den Spiegel blickt.

Bettys Lieblings-Farbkombinationen

Natürlich kann ich nicht in Ihren Kleiderschrank greifen und Ihnen sagen, welche Bluse Sie zu welcher Jacke tragen sollen, aber ich kann Ihnen ein paar Kombinationen empfehlen, die immer gut aussehen. Manche sind sehr schlicht, andere ein bißchen gewagter – der Rest bleibt Ihnen überlassen!

◆ Grau sieht mit den meisten anderen neutralen Tönen toll aus. Versuchen Sie es mal mit Schwarz, Braun und anderen Grautönen. Achten Sie nur darauf, daß die Farben sich deutlich genug voneinander abheben, nicht ineinander fließen und einen undefinierbaren Schlammton ergeben.

◆ Marineblau mit dem sprichwörtlichen Rot und einer Spur Weiß erinnert mich immer an Frühling. Diese Farben haben irgendwie etwas besonders Frisches.

◆ Rosa, Korallenrot und Pfirsich schmeicheln dem Teint und passen hervorragend zu Dunkelblau, Hellgrau, Braun oder Beige.

◆ Hellblau, Lavendel und Flieder sind phantastisch in Kombination mit helleren Grau- oder Brauntönen.

◆ Weinrot kommt mit Hellgrau, aber auch mit Anthrazit gut zur Geltung. Wenn Sie wirklich abenteuerlustig sind, versuchen Sie es mal mit einem blassen, fast hautfarbenen Rosa.

◆ Schwarz paßt natürlich zu allem, aber manche Kombinationen sind schicker als andere. Elfenbein (im Unterschied zu hartem Weiß) und Marineblau ergeben zusammen mit Schwarz eine dezente Mischung. Probieren Sie auch mal eine Farbe, die Sie sonst nicht tragen würden – Gelb oder Hellgrün zum Beispiel –, und sehen Sie selbst, was für einen tollen Kontrast sie zu Schwarz bildet.

Viele Frauen haben sich auf diese »Color Me Beautiful«-Idee gestürzt und ließen sich ihre Farben bestimmen. Solche Damen kommen in den Laden und ziehen eine Farbkarte aus der Tasche, die sie an jedes Kleidungsstück halten, bevor sie auch nur daran denken, es mit in die Umkleide zu nehmen. Ich respektiere dieses Konzept, weil es wohl vielen Frauen die Sicherheit gegeben hat, zu wissen, nach welchen Farben sie beim Einkaufen Ausschau halten sollen, sowie das Vertrauen, daß sie gut aussehen werden – was auch immer sie kaufen, solange sie ihr Farbschema nicht verlassen. Problematisch finde ich allerdings folgendes: Sobald eine Frau »ihre« Farben hat bestimmen lassen, halten diese in ihr Hirn (und ihren Kleiderschrank) Einzug und sie wird sie wohl nie mehr variieren. Doch die Farbpaletten ändern sich, die Farben, die Sie in den Geschäften sehen, ändern sich, ›Vogue‹ deklariert in jeder Saison andere Farben als in – aber die Frau, der man einmal gesagt hat, daß sie ein »Winter-Typ« ist, wird wohl nie Farben außerhalb ihres Schemas ausprobieren.

Viele Frauen scheinen zu glauben, daß es beim Tragen von Farben unbeugsame Regeln gibt, an die sich jeder halten muß (die ganze Idee von »Color Me Beautiful« hat das noch gefördert). Ich kenne Rothaarige, die niemals Rot tragen, und Blondinen, die der festen Überzeugung sind, Gelb mache sie blaß. Dann gibt es Frauen mit olivfarbener Haut, die sich sicher sind, daß bestimmte Farben sie krank aussehen lassen. Und viele schwarze Frauen weigern sich, irgend etwas Braunes zu tragen. Ich glaube, daß alle Frauen alle Farben tragen können. Ich war schon immer dieser Überzeugung, habe aber im Laufe der Jahre meine eigenen Vorlieben und Abneigungen entwickelt. Nehmen Sie dies bitte nicht als Regel, sondern nur als meine Beobachtungen und persönlichen Ansichten.

Ich würde mich – oder irgend jemand anderen – nicht von Kopf bis Fuß in derselben Farbe kleiden. Den meisten Frauen gefällt das nicht und es ist auch nicht von Bestand. Kleider sind heutzutage teuer, und wenn Sie eine solche Investition tätigen, wollen Sie nicht exzentrisch wirken. Crayola-Farben sind vielleicht im Moment gefragt, aber ich würde sie nur als Akzente verwenden. Aus irgendeinem Grund beschließen immer alle Designer und Zeitschriften in jeder Saison dieselben »Farben der Saison« zu propagieren. Und was, wenn Sie die zufällig nicht mögen? Gut, dann müssen Sie einfach den Sprung wagen und Ihre Garderobe mit Farben akzentuieren, die Ihnen gefallen. Oder Sie kaufen sich einen Pullover, Schal oder eine Handtasche in einer neuen Farbe. Sie dürfen mit Farben spielen, regelrechte Vorschriften gibt es meiner Meinung nach nicht.

Trotzdem stehen natürlich manche Farben bestimmten Leuten besser als andere. Die meisten grauhaarigen Frauen, die ich kenne, schrecken vor Flanellgrau zurück. Im Prinzip bin ich ihrer Meinung, aber Sie können Grau dennoch tragen, Sie müssen es nur mit einem Schuß Rot, Purpur oder Gelb akzentuieren. Persönlich mag ich kein Grau in unmittelbarer Nähe zum Gesicht. Ich habe noch niemand gesehen, dem das steht. Für den Teint der meisten Menschen ist das zu hart. Graue Flanellhosen werden immer stapelweise verkauft, aber Sie sollten sie mit etwas in einer anderen Farbe oder Struktur kombinieren. Ich könnte mir vorstellen, daß eine Wildlederjacke oder vielleicht eine Lederweste über einer weichen Seidenbluse dem Grau viel von seiner Härte nimmt. Den richtigen Akzent kann man also nicht nur mit verschiedenen Farben, sondern genausogut mit Materialien setzen.

Übrigens ist die Behauptung, Rothaarige könnten kein Rot tragen, ein Märchen. Der Grund dafür, daß Rothaarige glauben, Rot würde ihnen nicht stehen, sind die vielen häßlichen Rottöne, die es gibt. Mit anderen Worten, der Unterschied besteht in dem Rot, das Sie tragen. Zeigen Sie jemand einen Mantel in einem sanften, tiefen, warmen Rot und jeder wird sofort darauf fliegen. Wenn Sie dagegen zu einem sehr schrillen Orangerot greifen, werden Sie damit oft auf vehemente Ablehnung stoßen. Diese schreienden Farben (in den achtziger Jahren, als Stephen Sprouse sie populär machte, sprach man von Neon), sind für jeden schwer tragbar. Und wenn

Sie dazu noch eine kräftige Haarfarbe haben, kann das Ganze ein ziemlich extremer Anblick sein.

Mein Rat lautet, bei Farben – wie bei der Mode im allgemeinen – nicht zu dogmatisch zu denken. Natürlich werden Sie bestimmte Farbtöne, Stilrichtungen, Designer-Schnitte entdecken, in denen Sie immer wieder phantastisch aussehen und sich auch so fühlen. Wunderbar, tragen Sie sie, so oft Sie wollen. Aber haben Sie keine Angst, manchmal ein bißchen auszubrechen, wenn Ihnen das Spaß macht. Entscheiden Sie sich für etwas, wie zum Beispiel einen Samt- oder Chiffonschal in der »Farbe der Saison«, oder kaufen Sie sich einen Pullover in kräftigen Farben, einfach nur, weil er Ihnen ins Auge gefallen ist. Ich bin dafür bekannt, an den dunkelsten, regnerischsten Tagen die leuchtendsten Farben zu tragen – ich fühle mich dann einfach besser. Und offensichtlich wirkt das auch auf andere Leute, weil man mir schon oft gesagt hat, ich sähe bei so trübem Wetter sonnig und aufmunternd aus. Und wenn ich darin auch noch gut aussehe, dann ist das doch wirklich etwas.

Aber bitte, kaufen Sie keine Farbe, die Sie absolut nicht mögen. Ich habe schon Frauen erlebt, die mir zuliebe etwas anprobierten, das mir ausnehmend gut an ihnen gefiel, aber ich kann ja nur objektiv bewerten, wie das ganze Outfit zusammen wirkt. Die Kundin sieht sich dann vielleicht im Spiegel, und irgend etwas in ihrem Gesicht verändert sich, während sie sagt: »O nein, das kann ich nicht. Ich hasse diese Farbe.« Wer weiß, warum. Vielleicht erinnert sie sie an etwas. Bei diesem gelben Pullover muß sie womöglich an einen bestimmten Senf denken. Ich selbst kann nichts Orangefarbenes in die Hand nehmen, ohne an Halloween zu denken. Das ist absolut in meinem Kopf verankert. Seltsamerweise haben bestimmte Feiertage ihre spezifischen Farben, die man mit ihnen assoziiert. Wenn eine Farbe Sie also, aus welchem Grund auch immer, abstößt, dann kaufen Sie sie nicht (auch wenn sie momentan noch so in ist).

Wie Sie dem Farbzwang entkommen

◆ Sie brauchen keine teure Farbberaterin, die Ihnen sagt, was Ihnen steht.

◆ Stellen Sie sich vor einen Spiegel (gutes, natürliches Licht ist dabei wichtig) und halten Sie verschiedene Farbtöne neben Ihr Gesicht. Scheinen manche Farben Ihren Teint zu beleben, während andere Sie leblos wirken lassen? Das ist ein Anfang.

◆ Ihre Kleidung muß nicht die Farbe Ihrer Augen oder Haare haben, aber achten Sie darauf, welche Töne Ihnen schmeicheln und sie noch besser zur Geltung bringen.

◆ Es spricht nichts dagegen, eine Lieblingsfarbe zu haben. Wenn Sie sich zu sehr auf eine Farbe kaprizieren, kann das aber genauso langweilig wirken wie immer nur Schwarz oder ewig neutrale Töne.

◆ Ich kenne keine Frau, der Rosa nicht gut steht. Ich finde, es sieht an jeder sauber und sinnlich aus (und natürlich ausnehmend feminin).

◆ Wenn Sie unsicher sind, welche Farbe zu einem Ihrer Röcke paßt, schneiden Sie ein kleines Stückchen Stoff aus dem Saum und nehmen es mit zum Einkaufen.

Kapitel 5

Ausgehen und feiern

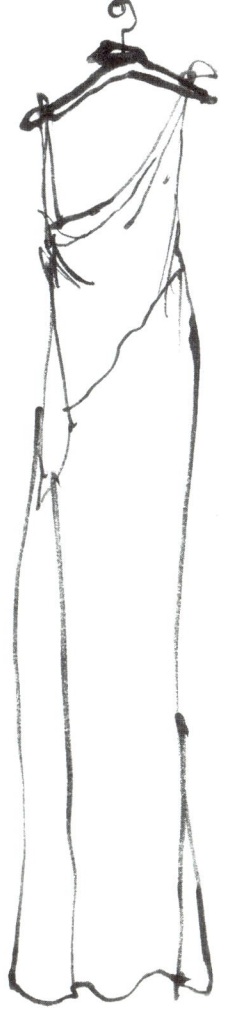
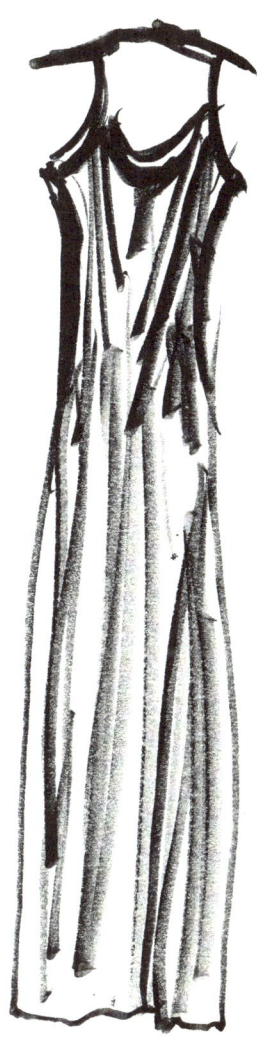

Panik vor dem großen Auftritt

Wer könnte ein Buch über modischen Stil schreiben, wenn nicht eine der schicksten und bestangezogenen Frauen, die ich kenne! Ich würde ihr mein Leben – nein, meinen Kleiderschrank anvertrauen!

Joan Rivers

Sich für einen besonderen Anlaß anzuziehen, verursacht Frauen wahrscheinlich mehr Traumata als irgend etwas anderes. Das sind die wenigen Augenblicke, wenn Kundinnen zu mir kommen und sagen: »Ich *brauche* ein Kleid.« Und das meinen sie auch so. Hier geht es nicht um Spontankäufe. Das sind Gelegenheiten, bei denen Frauen, die sich sonst nicht besonders viele Gedanken um ihre Kleidung machen, sich wirklich den Kopf darüber zerbrechen, was sie anziehen sollen – sie laufen durch unzählige Geschäfte, probieren Unmengen von Sachen, kaufen taschenweise ein (und tauschen wieder um). Ich glaube, daß diese Panik zum Teil darin begründet liegt, daß wir uns bei besonderen Anlässen – Hochzeiten, Wohltätigkeitsbällen oder Silvesterparties – vor allem für andere Menschen anziehen. Wir ziehen uns an, um gesehen zu werden (wenn Sie das nicht wollten, würden Sie zu Hause bleiben). Das mag auch der Grund dafür sein, warum jede Frau, die auf der Suche nach dem Kleid für so einen besonderen Anlaß zu mir kommt, als erstes sagt: »Ich möchte sexy aussehen.« Es spielt keine Rolle, ob sie 18 oder 80 ist, jede Frau will sexy aussehen, wenn sie sich herausputzt. Aber was genau bedeutet sexy heutzutage?

Sexy ist plötzlich das am meisten strapazierte – und ich glaube, falsch verwendete – Wort. Früher bezeichnete es Dinge hinter der Schlafzimmertür und den Look bestimmter Hollywoodstars. Carole Lombard in ihren schräg geschnittenen Seidenblusen – ja, das war sexy. Aber ich glaube, daß die meisten Frauen noch nicht einmal wissen, was sie damit meinen. Eine Frau, die auf der Suche nach einem sexy Outfit in meine Ankleide kommt, sucht nicht notwendigerweise nach einem hautengen Kleid mit endlosem Ausschnitt oder sonstigen eindeutig provokativen Attributen. Meiner Ansicht nach sind unsere

Vorstellungen – und unsere Begriffe – ein bißchen durcheinandergeraten. Wohl jede Frau möchte, gerade wenn sie sich für einen besonderen Anlaß kleidet, hübsch aussehen. Und feminin. Aussehen wie eine richtige Frau. Und das ist eben bis zu einem gewissen Grad sexy, glaube ich. Mit Sicherheit ist es eher sexy als die langweiligen Kostüme oder Hose-Pulli-Kombinationen, die die meisten Frauen an jedem anderen Tag der Woche tragen.

Doch egal, wie weit im voraus wir schon beginnen, darüber nachzudenken, wie sexy und hübsch wir an einem bestimmten Abend aussehen wollen, wir warten meist bis zur letzten Minute, bevor wir tatsächlich ein Kleid für das große Ereignis kaufen. Warum nur? Es ist wie eine Krankheit, die scheinbar niemand loswerden kann. Egal, wieviel Zeit wir damit verbringen, uns den Kopf zu zerbrechen, unseren Kleiderschrank durchzusehen, durch die Geschäfte zu streifen, wage ich zu behaupten, daß 90 Prozent der Frauen »fünf vor zwölf« immer noch ohne Kleid dastehen. Das scheint aber alles Teil des Vergnügens zu sein: Ich warte bis eine Woche vorher, werde richtig panisch, und dann finde ich gerade rechtzeitig noch etwas. Ein Grund für das Aufschieben mag im Schuldgefühl liegen, weil die meisten Frauen ein schlechtes Gewissen haben, viel Geld für ein Kleid auszugeben, das sie vielleicht nur einmal tragen werden. Und dann haben sie das Dilemma, ein Kleid für einen besonderen

Anlaß zu suchen, aber gleichzeitig darüber nachzudenken, wann sie das Kleid sonst noch tragen könnten. Das kann schwierig werden, aber ich denke, es ist heute die einzig vernünftige Art einzukaufen. Wenn Sie nicht gerade die Braut sind, sollten Sie sich bemühen, für eine Hochzeit ein Kleid zu finden, das sie häufiger tragen können. Selbst wenn Sie dieselben Leute auf verschiedenen Parties oder bei anderen Anlässen treffen, müssen Sie Ihr Outfit nur kreativ variieren. Sie können verschiedene Accessoires tragen, sich einen erlesenen Schal oder einen eleganten Bolero umlegen und Ihr Aussehen damit komplett verändern. Bauen Sie also auf dieses Kleid auf, wie Sie es auch mit jedem anderen Stück Ihrer Garderobe tun würden.

Die Ein-Kleid-Abendgarderobe

Benutzen Sie ein einfaches langes oder kurzes Kleid als Basis und bauen Sie sich eine ganze Abendgarderobe darum herum – putzen Sie es auf oder lassen Sie es leger wirken, je nach Anlaß.

◆ Hauchdünne Strümpfe und hochhackige Riemchensandalen erzeugen zusätzlichen Sexappeal, während eine blickdichte Strumpfhose und geschlossene Schuhe seriöser und weniger elegant wirken.

◆ Verwenden Sie Schmuck, um den Look von spaßig (überdimensionale Armreifen) bis zu edel (Perlenohrringe und passende Kette) zu variieren.

◆ Legen Sie sich einen Kaschmirschal oder eine Strickjacke um die Schultern, ergibt das ein klassisches, eher legeres Outfit. Ein Bolerojäckchen mit Perlen oder Spitzen putzt das Kleid für die elegantesten Anlässe heraus.

◆ Schlingen Sie sich einen langen Schal aus Chiffon, Samt oder Seide um den Hals und lassen Sie die Enden über Ihre Schultern fallen.

Hier nur ein Beispiel dafür, wie viele Leben ein einziges Kleid haben kann: Ich besitze ein wunderschönes Abendkleid aus Chiffon mit Leopardenmuster, das ich vor mindestens 25 Jahren gekauft habe. Erst kürzlich habe ich es zu einer Hochzeit getragen. Ursprünglich gehörte ein um den Hals zu tragender Schal dazu, aus dem ich mir eine Schärpe machen ließ. Die Schultern wurden ein bißchen gepolstert (und das Kleid an den Stellen, wo ich etwas zugenommen habe, weiter gemacht). Im Prinzip ist es aber dasselbe Kleid geblieben. Was lernen wir daraus? Behalten Sie Ihre Abendkleider. Sie sind das einzige, was ich nicht weggeben würde. Jahre später tragen Sie sie vielleicht nicht mehr genau so, aber ein gutes Abendkleid ist änderbar und kann dann wieder wie neu aussehen. Manchmal läßt sich aus einem langen Kleid ein Cocktailkleid machen oder man kann es sonstwie ändern, um es auf andere Weise zu nutzen.

Wenn Sie ein teures Abendkleid kaufen (und seien wir ehrlich, diese Kleider sind einfach teuer), müssen Sie es lieben. Das ist nicht der Augenblick, um sich mit etwas zufriedenzugeben und dann zu versuchen, sich zu arrangieren. Wenn Sie dieses Kleid zu den besonderen Anlässen der nächsten Jahre tragen wollen, sollte es etwas sein, bei dem Sie jedesmal, wenn Sie es aus dem Schrank holen, denken: »Meine Güte, ich liebe dieses Kleid.« Und da Sie viel Zeit, Energie und Geld für das Auffinden dieses einen Kleids aufwenden, sollten Sie auch versuchen, das Beste für Ihr Geld zu bekom-

men. Das heißt aber nicht unbedingt, daß Sie ein herabgesetztes Kleid zu einem günstigen Preis erstehen. Manchmal – aber leider nicht immer – bekommen Sie wirklich viel für Ihr Geld, wenn Sie ein teures Kleid kaufen. Sie müssen ein bißchen gewitzt sein, um den Unterschied zwischen einem gut gemachten und einem billigen zu erkennen, der sich nicht mehr immer im Preis ausdrückt.

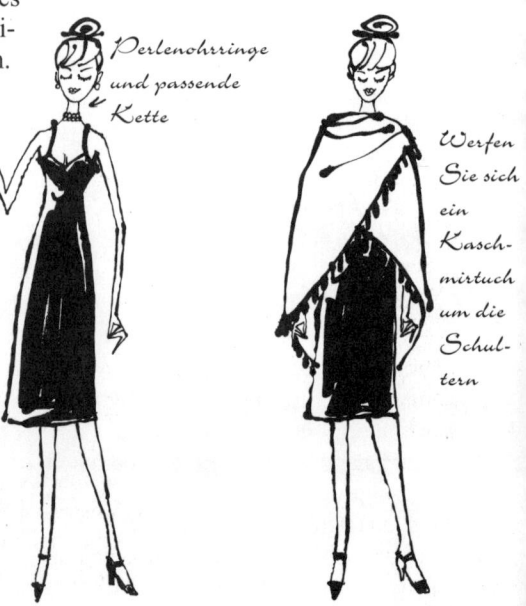

Die Ein-Kleid-Abendgarderobe

Perlenohrringe und passende Kette

Werfen Sie sich ein Kaschmirtuch um die Schultern

Drehen Sie das Kleid auf die linke Seite und sehen Sie sich genau an, wie es gemacht ist. Sie sollten prüfen, ob es gefüttert ist, ob die Nähte parallel zum Muster verlaufen, wie gut die Knöpfe, Reißverschlüsse und Säume genäht sind. Und schauen Sie nach, ob nicht überall lose Fäden herunterhängen. Weil Sie das Kleid vielleicht irgendwann irgendwo weiter machen lassen wollen (hey, das kann passieren), sollten Sie die Nähte gegen das Licht halten, um zu sehen, ob da irgendwo Salband drin ist. Wenn im Saum 2 Zentimeter Extra-Stoff steckt, können Sie es um einen Zentimeter weiter machen lassen (Sie brauchen ja noch genügend Stoff, um die Naht wieder zu schließen). Wenn in jeder Naht gut zwei Zentimeter Stoff drin sind, können Sie das Kleid wahrscheinlich eine ganze Größe weiter machen lassen. Das kann seine Langlebigkeit entscheidend verlängern.

Wie Sie ein Kostüm abendfein machen

Sie können zwar nicht direkt aus dem Büro in den Ballsaal spazieren, aber es gibt ein paar einfache Tricks, mit denen sich Ihrer »Arbeitskleidung« die Strenge nehmen läßt.

Verändern Sie Ihre Erscheinung mit einem dünnen Schal, den Sie sich um den Hals legen und dessen Ende Sie nach hinten über Ihre Schultern fallen lassen

◆ Unterschätzen Sie die Wirkung von hohen Absätzen nicht. Mit einem Paar Stilettos sehen Sie automatisch elegant und sexy aus.

◆ Auf die Beine kommt es an – vertauschen Sie Ihre dunklen Strümpfe mit hauchdünnen hellen, bevor Sie das Büro verlassen.

◆ Lassen Sie Ihre Aktenmappe im Büro und nehmen Sie nur das Nötigste in einer kleineren, feineren Tasche mit. (Als Verlegenheitslösung geht auch ein Make-up-Täschchen mit einem flippigen Leopardenmuster oder aus glänzendem Satin durch.)

◆ Ziehen Sie Ihre Bluse aus! Ein bißchen nackte Haut unter einer taillierten Kostümjacke (oder nur ein Seidenhemdchen, wenn der Ausschnitt zu tief wäre) macht Ihr Alltagskostüm zum Abend-Look.

◆ Bringen Sie sich zusätzliche Accessoires mit. Eine dicke Kette, baumelnde Ohrringe oder eine auffällige Haarspange genügen manchmal schon, um ein alltägliches schwarzes Kleid zum perfekten »kleinen Schwarzen« zu mausern.

Wenn es um ein Festgewand geht, geraten Frauen wohl nicht zuletzt deshalb so in Streß, weil niemand mehr genau sagen kann, was bei den jeweiligen Anlässen wirklich angemessen ist. Selbst die Aufforderung »Smoking« auf einer Einladung ist heute schon mißverständlich. Ich glaube nicht, daß heute noch jemand weiß, was das für die Frau bedeutet. Auf der anderen Seite ist es ja ausnehmend befreiend, daß die strikten Vorschriften weggefallen sind. Gleichzeitig hat das aber für einige Verwirrung gesorgt. Wenn jeder seine eigene Vorstellung von »eleganter Garderobe« hat, wie soll man dann wissen, ob man einem Anlaß entsprechend gekleidet ist? Folgendes ist uns allen schon das eine oder andere Mal passiert:

Sie gehen in einem hautengen Paillettenkleid auf eine Cocktailparty, wo Sie feststellen müssen, daß alle anderen Frauen offenbar direkt von der Arbeit gekommen sind und noch Kostüme – höchstens mit einem etwas eleganteren Top darunter – tragen. Das ist das Risiko in der heutigen Welt, wo modisch alles erlaubt ist. Kopf hoch, und vertrauen Sie darauf, daß Sie wahrscheinlich die Frau mit dem dramatischsten Aussehen im Raum sind. Sollten Sie das dringende Bedürfnis haben, sich für Ihren Aufzug zu entschuldigen, murmeln Sie etwas von der sehr eleganten Veranstaltung, die Sie am späteren Abend noch besuchen werden.

Früher war es eine unumstößliche Regel, für eine Einladung, auf der »Smoking« stand, ein langes Abendkleid aus dem Schrank zu holen. Das schreibt das Protokoll inzwischen nicht mehr vor. Die meisten Geschäfte und Designer benutzen kaum noch die Bezeichnung Cocktailkleid für die kurzen, schicken kleinen Dinger und nennen sie statt dessen Abendkleider. Natürlich gibt es immer noch lange, förmliche Abendkleider, aber ich sehe, daß nur noch sehr wenige Frauen sie kaufen oder tragen. Ich denke, der Grund dafür ist das Gefühl, so ein Kleid nicht oft genug anziehen zu können, als daß es sein Geld wert wäre. Man kauft so ein Kleid nur noch, wenn es unbedingt sein muß. Ich gebe zu, daß es heute nur noch sehr wenige Anlässe gibt, die nach einer der erlesenen Abendroben verlangen, die ich in den achtziger Jahren dutzendweise verkauft habe. Deshalb halte ich es für vernünftig, in ein sehr schlichtes, langes Kleid mit klaren Linien zu investieren. Es kann schwarz sein (oder jede andere Farbe haben, die Ihnen gefällt) und einen sexy Schlitz an der Seite oder hinten haben. Es kann rückenfrei sein, eine Corsage oder einen tiefen Ausschnitt haben. Aber das Entscheidende ist, solange die Form schlicht genug wirkt (und keine Perlen, Pailletten oder Spitzen es zieren), können Sie dieses Kleid immer wieder zu den verschiedensten Anlässen tragen. Sie würden es vielleicht nicht bei einer Hochzeit am Nachmittag anziehen, aber es wäre absolut geeignet für fast jede abendliche Hochzeitsfeier oder Cocktailparty. Und das Beste daran: weil es so einfach ist, können Sie es leicht abwandeln, um Ihr Aussehen zu variieren.

Während das lange Abendkleid am einen Ende des Spektrums steht, findet man am anderen Kleidung für nicht ganz so elegante Anlässe, zu denen Sie direkt vom Büro aus gehen. Das kann eine Verabredung zum Essen in einem Restaurant sein, eine Party im Büro oder ein Fest, das einfach zu früh angesetzt ist, als daß Sie vorher noch zum Umziehen nach Hause eilen könnten. Wie vollbringen Sie diese Verwandlung, wenn Sie keine komplette neue Garderobe mit Schuhen und Accessoires zur Arbeit mitschleppen wollen? Also, wenn Sie nicht gerade eine Veranstaltung mit Smokingzwang oder etwas ähnlich Elegantes besuchen (dann haben Sie wirklich keine Wahl und müssen wohl oder übel einen Kleidersack mit Ihrer Abendgarderobe mitnehmen), brauchen Sie sich nur ein bißchen clever anzuziehen und einige wenige Minuten vor dem Spiegel in der Damentoilette zu verbringen, bevor Sie ausgehfertig sind.

In den meisten Fällen ist Schwarz einfach die beste Wahl für eine solche knifflige Gelegenheit. Es sieht schlichtweg eleganter aus als jede andere Farbe. Und man kann ohne allzu großen Aufwand etwas mit Sexappeal daraus machen. Und der vielleicht beste Grund ist, daß Sie sich beim Mittagessen bekleckern dürfen und trotzdem zu Ihrer Verabredung gehen können – wahrscheinlich ohne daß überhaupt jemand etwas davon bemerkt. Wenn Sie ein ärmelloses, schwarzes Etuikleid mit passender Jacke haben, nehmen Sie das. Im Büro lassen Sie die Jacke an, und das Umziehen für die Party besteht lediglich darin, sie auszuziehen. Dasselbe Prinzip funktioniert mit jedem schwarzen Kostüm oder Hosenanzug – egal, ob mit kurzem oder langem Rock oder mit Hose. Denken Sie nur daran, an diesem Tag etwas mehr Make-up mitzunehmen. Es geht nämlich immer noch nichts über verführerisch rote Lippen, wenn Sie schick aussehen wollen.

Den Mittelgang entlang

Es gibt wenige Ereignisse – von einem Broadway-Spektakel bis zum Opernball – die es, was Planung, Aufregung, Chaos und Nervenbelastung angeht, mit einer Hochzeit aufnehmen können. Das beginnt oft schon ein Jahr oder noch weiter im voraus mit der Auswahl des Ortes, des Restaurants, der Musik, der Blumendekoration, des Fotografen und natürlich der Kleider für alle Beteiligten. Und hier fängt es meistens an, wirklich kompliziert zu werden, weil dies ein Tag ist, an dem alle Register gezogen, oft ungeheure Summen ausgegeben werden, und jeder, der an der Hochzeit teilnimmt, entschlossen ist, so gut wie möglich auszusehen. Und noch etwas: Zumindest in Amerika ist es üblich, daß alle die Zustimmung der Braut einholen, bevor sie Entscheidungen in puncto Garderobe treffen. Das ist vergleichbar mit dem Repräsentantenhaus und dem amerikanischen Präsidenten – jeder hat eine Stimme, aber es ist der Präsident (in diesem Fall die Braut), der das ultimative Vetorecht besitzt.

Die Brautmutter

Irgendwie gelingt es in diesem Wirbel aus Aktivitäten und Auf-
regungen dann doch, alles zu organisieren, und alle
sehen wunderbar aus. Lassen wir die Kleider mal
beiseite: Mit ihren strahlenden Gesichtern wirken
die Menschen an diesem großen Tag einfach
schön. Aber weil sich niemand auf die Emotion
allein verlassen will, um gut auszusehen, ruft die
Kleiderwahl vermutlich mehr Panik hervor als die
ganze restliche Organisation der Hochzeit. Und
oft ist die Brautmutter am meisten von Angst
geschüttelt (in etwas geringerem Ausmaß gilt
das auch für die Mutter des Bräutigams).
Ohne Ausnahme verkündet jede Mutter einer
Braut oder eines Bräutigams, die mich in
meinem Büro aufsucht: »Ich will nicht wie
die Mutter der Braut/des Bräutigams aussehen.« In dieser Äußerung kommt ein
unglaublich negatives Klischee zum Tragen, und das Bild, das einem dabei vor
Augen steht, ist eine unattraktive, mittel-
alte Matrone in einem überladenen – und
unvermeidlich wenig schmeichelhaften –
pastellfarbenen, bodenlangen Konfektions-
kleid.

Zum Glück sind die meisten der alten Vorschriften bezüglich Farbe, Länge und Schnitt
inzwischen aufgehoben. Die Mütter von Bräuten und Bräutigamen können mehr oder weniger das tragen, was sie wollen (wenn die Braut
nichts dagegen hat, versteht sich), Sie müssen
sich keine Gedanken mehr darüber machen,
ob sie mit »der anderen Seite« oder den
Brautjungfern oder der Kleidung von irgend
jemand anderem harmonieren. Allerdings
haben mich einige aufeinanderprallende
Gegensätze, die ich in letzter Zeit auf Hoch-

zeiten gesehen habe, hoffen lassen, daß ein paar dieser Regeln wieder en vogue werden. Ich war auch schon auf Hochzeiten, wo es überhaupt nichts Buntes gab – bei schneeweißen Veranstaltungen oder solchen, wo Mütter wie Brautjungfern allesamt in ihren schicken schwarzen Lieblingssachen antraten.

Hochzeitstips für Mütter

◆ Kaufen Sie Ihr Kleid nicht zu früh. Sie wollen doch nicht, daß es schon unmodern aussieht, wenn Sie damit den Mittelgang entlangschreiten.

◆ Vorausgesetzt die Braut hat keine Einwände, sind Schwarz und gebrochenes Weiß nicht mehr tabu.

◆ Denken Sie an Ihre eigene Bequemlichkeit. Es gibt keine sicherere Methode, um Ihnen den großen Tag zu verderben, als ein Kleid zu tragen, das kneift, oder Schuhe, die drücken.

◆ Machen Sie eine kleine Anziehprobe – und zwar mit Schuhen, Strümpfen, Schmuck und Handtasche – solange Zeit ist, irgendwas zu ändern, das Ihnen noch nicht perfekt erscheint.

Jetzt, wo sich die Mütter zugunsten von einem etwas moderneren und individuelleren Look von dem wenig eleganten verabschiedet haben, ist es meiner Ansicht nach noch schwerer, eine Entscheidung zu fällen. Es gibt zu viele Wahlmöglichkeiten, zu viele Interessen, und bei jedem Blick in den Spiegel quält sie der Gedanke an die vielen Blicke, die am Hochzeitstag auf ihnen ruhen werden. Ich habe schon Mütter erlebt, die sogar länger, härter und unentschlossener eingekauft und umgetauscht haben als die Bräute selbst. Mein Rat lautet, Auseinandersetzungen möglichst aus dem Weg gehen. Natürlich wollen Sie die Meinung Ihrer Tochter oder zukünftigen Schwiegertochter hören und Sie wollen, daß ihr gefällt, was auch immer Sie auswählen, aber lassen Sie sich von ihr nicht zu etwas überreden, worin Sie sich nicht wohl fühlen.

Je nachdem, wie elegant die Hochzeit sein wird, sollten Sie Ihr Kleid nach denselben Gesichtspunkten aussuchen wie eines für andere festliche Anlässe. Und lassen Sie sich von Ihrer Rolle als Brautmutter oder Mutter des Bräutigams nicht völlig verrückt machen. Sie können in Brautmagazinen nach Anregungen suchen, aber Sie brauchen sich nicht auf Kleider mit dem Hinweis »für die Brautmutter« beschränken. Einer der größten Gefallen, die Sie sich selbst erweisen können, ist, eine hilfsbereite, erfahrene und sympathische Fachverkäuferin zu Rate zu ziehen. Sie sollte etwas von Hochzeiten verstehen und Ihnen bei der Auswahl, bei Änderungen und Accessoires behilflich sein und sich vielleicht auch noch auf beruhigendes Schulterklopfen verstehen. Natürlich sind solche »Perlen« heutzutage rar, aber hier lohnt es sich, kleinere Boutiquen und vielleicht lokale Brautausstatter statt der großen Kaufhäuser aufzusuchen.

Hübsche Mädchen in einer Reihe

Es ist immer schmeichelhaft, gebeten zu werden, bei der Hochzeit von Freunden oder Verwandten Brautjungfer zu sein. Leider hört die Schmeichelei hier meist auch schon auf. Zumindest bei uns in Amerika rufen wenige Dinge so viel Furcht und Verwünschungen hervor, wie die Kleider der Brautjungfern. Schon die Worte allein sorgen für alptraumartige Visionen von unkleidsamen, überteuerten und übertriebenen Kreationen aus Tüll, Chintz, Samt und Schlimmerem. Ein Teil des Problems ist das Angebot. Nur wenige Spitzenhersteller geben sich mit Mode für Brautjungfern ab, so daß es notorisch zu wenig Auswahl gibt. Ein anderes Problem ist

der Versuch, mehrere unterschiedliche Figurtypen in das gleiche Outfit zu stecken: Was bei Ihrer großen, gertenschlanken Freundin toll aussieht, kann an Ihrer kleineren, rundlicheren Schwester eine Katastrophe sein. Und der letzte, aber häufig wichtige Gesichtspunkt sind die Kosten. Keine Frau möchte schrecklich viel Geld für ein Kleid ausgeben, das sie nur einmal für ein paar Stunden tragen wird. Dieses letzte Problem kann die Braut etwas entschärfen: Sollte die Ausstattung der Brautjungfern nicht Teil des Hochzeitsbudgets sein?

Und das rate ich einer Braut, die zu mir kommt und mich um Hilfe bei der Auswahl der Brautjungferngarderobe bittet:

Zu zweit durchstreifen wir das ganze Kaufhaus, auch die Abteilung mit den reduzierten Stücken, um Kleider zu finden, die ihr von der Farbe oder dem Muster her gefallen. Ich empfehle Ihnen wirklich eine kleine Vorauswahl, bevor Sie mit Ihren Brautjungfern im Schlepptau losziehen und sich mit einem Chor von Neinsagerinnen plagen müssen.

Das Problem, verschiedene Figuren in das gleiche Kleid zu stecken, läßt sich lösen, wenn man von dieser Tradition abweicht. Immer mehr Bräute verabschieden sich vom Einheitslook ihrer Brautjungfern und erlauben ihnen, ihre Kleider individuell auszusuchen. Üblicherweise wird die Braut eine Farbe vorgeben (aus leicht ersichtlichen Gründen funktioniert das besonders gut, wenn diese Farbe Schwarz ist). Dann haben die Brautjungfern die Wahl, sich ein Kleid auszusuchen, das ihnen steht, aber trotzdem mit den anderen zusammen ein einheitliches Bild ergibt. Es ist sinnvoll, bei den Accessoires zu kooperieren, so daß alle Brautjungfern die gleichen (oder ähnliche) Schuhe und ähnlichen Schmuck tragen. Sie können das allereinfachste Kleid wählen – sagen wir ein ärmelloses kleines Etuikleid – und es mit Spitzenhandschuhen, Perlen und Perlohrringen aufputzen, so daß die Brautjungfern einander plötzlich sehr ähnlich und alle sehr hübsch aussehen.

Hier kommt die Braut

Sie erkennen sie daran, daß sie meist die einzige ist, die Weiß trägt. Die einzige mit einem Schleier und einem mehr oder weniger großen Blumenbukett. Sie ist der Star des großen Ereignisses, die Prinzessin für einen Tag – die Braut. Die aufregendste Sache für mich ist, zuzusehen, wie eine Frau ihr erstes Brautkleid anprobiert und wie sich dabei ihre Mimik verändert. Egal, ob es ihr gefällt oder nicht, wenn sie sich zum ersten Mal als Braut gekleidet sieht und das Ganze plötzlich real wird, trifft sie das wie ein Schlag, das ist unbeschreiblich. Auch wenn ich mit Schauspielerinnen arbeite, die die Kleider nur für eine Rolle anprobieren, ist da trotzdem diese wundervolle Aufregung. Aber das ist nur der Anfang.

Die Aufregung schlägt meist schnell in Unentschlossenheit und Panik um, denn fast jede Braut, die ich je gesehen habe, hat jedes Kleid, das ihr in die Finger kam, anprobiert, bevor sie schließlich ihre Wahl traf. Im Schlepptau hat sie dabei diverse Meinungsmacherinnen – ihre Mutter, ihre beste Freundin, Brautjungfern, manchmal sogar die zukünftige Schwiegermutter – einfach jeden, der ihr bestätigen kann, wie wundervoll sie aussieht. Ich wette, daß es keine einzige Frau gibt, die in die Brautmodenabteilung spaziert und das erste Kleid kauft, das sie anprobiert. Allein schon mit dem Anprobieren all dieser verschiedenen Kleider ist ein besonderer Reiz verbunden. Vielleicht liegt es daran, daß es sich – theoretisch – um ein einmaliges Erlebnis handelt.

Der Kauf eines Hochzeitskleids ist nicht mit dem irgendeines anderen Kleidungsstücks zu vergleichen. Es ist auch das einzige, das Sie nie zuvor ausführen, ehe es nicht soweit ist. Und es sind große Erwartungen mit diesem Ereignis verbunden.

Ich glaube, diese Aufregung rührt auch von der Romantik des Tages her. Das mag erklären, warum so viele Frauen auf diese üppigen, volantbesetzten, traditionellen Hochzeitskleider fliegen, die mit dem, was diese Frauen normalerweise tragen, absolut nichts gemein haben. Ich kann Ihnen gar nicht sagen, wie oft schon eine intellektuelle, gut angezogene junge Frau zu mir gekommen ist und erklärt hat, sie wolle etwas Schlichtes und Schickes für ihre Hochzeit. Bevor man sich versah, hatte sie eines dieser üppigen, romantischen, rüschenbesetzten Kleider anprobiert und sich hoffnungslos darin verliebt. Das nennt man wohl Phantasie – und es ist tatsächlich ihre einzige große Chance, Märchenträume wahr werden zu lassen.

Wenn Sie vorhaben, ein Hochzeitskleid nähen zu lassen, sollten Sie sich wirklich viel Zeit nehmen. Es dauert im allgemeinen vier bis sechs Monate. Und selbst wenn es einmal da ist, sollten Sie mit einigen Anproben und zahlreichen Änderungen und einem Sinneswandel in letzter Minute rechnen. Nachdem Sie sich für ein Kleid entschieden haben, sollten Sie auch anfangen über den Schleier und den Kopfputz, Schuhe, Wäsche, Schmuck und Ihre Frisur nachzudenken. Wenn Sie all die Dinge auflisten, die zu bedenken sind, bevor Sie den Mittelgang entlangschreiten, ist es absolut verständlich, daß viele Bräute etwas neurotisch zu werden scheinen, wenn der große Tag näherrückt. Aber wie bei allen Dingen, können sorgfältige Planung und ein durchdachter Einkauf fast alle Last-Minute-Sorgen in Wohlgefallen auflösen.

Mit der ersten Anprobe beginnt die echte Aufregung und Panik. Zu diesem Zeitpunkt haben Sie das Kleid wahrscheinlich schon einige Monate lang nicht mehr gesehen. Sobald Sie es anhaben, fallen Ihnen vielleicht viele Dinge auf, die nicht so sind, wie Sie sie in Erinnerung haben, oder die Ihnen plötzlich nicht mehr gefallen. Entspannen Sie sich. Sie wären überrascht, wenn Sie wüßten, wie viele Änderungen an einem Hochzeitskleid noch bis zur allerletzten Minute möglich sind. Ich habe bei solchen Gelegenheiten schon mehr Tränen und Versprechungen – »bis zur nächsten Anprobe habe ich fünf Pfund abgenommen« – gesehen und gehört, als ich mir merken kann. Das Wichtigste ist, Ruhe zu bewahren und nicht zu vergessen, daß fast alles machbar ist. Wenn das Kleid Ihnen plötzlich zu schlicht erscheint, kann man es mit mehr Spitze, Perlen oder sonstigen Verzierungen versehen. Wenn es zu überladen ist, werden einfach einige Dinge entfernt. Extra-Unterröcke lassen den Rock voller wirken. Polster können Ihre Schultern verbreitern oder Ihren Busen heben. Mit anderen Worten, sagen Sie einfach, was Sie wollen, und wahrscheinlich läßt es sich bewerkstelligen.

Die meisten Hochzeitskleider verlangen nach einem trägerlosen BH, der bis zur Taille hinunterreicht, also einer Art Corsage, und erfordern wahrscheinlich einen Unterrock. Das ist die Basis, an die das Kleid angepaßt wird. Und, Mädels, ich meine angepaßt. Diese Dinger sind meistens so eng, daß Sie im Oberteil kein bißchen Spiel haben. Das heißt, das Kleid wird keine Spur nachgeben, wenn Sie versuchen die Arme zu heben, also werden Sie sich daran gewöhnen, sie nicht besonders hoch zu heben. Die traditionelle Form des Hochzeitskleids ist ein zur Taille zulaufendes V vorne und hinten, an dem das ganze Kleid befestigt ist. Dieser Schnitt läßt Sie aussehen, als hätten Sie eine Mini-Taille – und der enge Sitz sorgt dafür, daß Ihre Figur besser aussieht denn je. Sie werden sich absolut glamourös darin fühlen.

Bei Kleidern für jeden anderen Anlaß ist durch bestimmte Stoffe, Farben und Stilrichtungen festgelegt, was man wann tragen kann. Bei Hochzeitskleidern gilt das eigentlich nicht – oder besser: nicht mehr. Abgesehen von den enganliegenden, geraden Kleidern im Stil der vierziger Jahre, die man auch jetzt wieder trägt (und die meiner Ansicht nach vor allem zu einer sehr eleganten abendlichen Hochzeit in der Großstadt passen), ist wirklich alles erlaubt. Ich sehe keinen großen Unterschied zwischen Kleidern für eine Hochzeit um die Mittagszeit oder eine am Abend. Bei traditionellen Brautkleidern gibt es einfach keinen legeren Look. Es ist sogar wahrscheinlich, daß Sie bei Ihrer Hochzeitsgarderobe Tageszeit, Jahreszeit oder Ort der Feierlichkeit vollkommen ignorieren. Und warum auch nicht?

Selbst bei ihrer ersten Hochzeit entscheiden sich mehr und mehr Frauen gegen reines Weiß. Es gibt heute so viele Schattierungen von gebrochenem Weiß – von Elfenbein und Ecru (Naturweiß), über Beige bis hin zu sanften, pastelligen Tönen wie Pfirsich, Rosa und Taubengrau –, die Sie alle ungeachtet der Tages- oder Jahreszeit wählen können. Das einzige, was Brautkleider für den Abend von solchen für tagsüber unterscheidet, ist der zusätzliche Glitzer. Selbst beim schlichtesten Kleid sorgen kleine Steine oder Perlen für einen Widerschein des Lichts und einen spektakulären Effekt. Bestimmte Stoffe passen besser zu bestimmten Jahreszeiten – leichte, hauchdünne Stoffe wie Tüll, Gaze und Organza sind hauptsächlich für den Sommer reserviert – aber viele Bräute mögen das Aussehen der schwereren Seidensatins und Shantungseiden das ganze Jahr hindurch.

Das Zweitwichtigste nach dem Kleid ist der Schleier. Ich stelle ihn mir als eine Art Glasur auf der Torte vor, weil er das

ganze Bild wirklich wunderschön abrundet. Es gibt so viele
Möglichkeiten für den Kopfschmuck, wie es verschiedene
Typen von Bräuten gibt, also fühlen Sie sich nicht
zum rein Traditionellen gezwungen. Ein Hut
paßt gut zu einer Sommerhochzeit im Freien,
und ein Zweig frischer Blüten in einem aufwendig geflochtenen Zopf kann schon
ausreichen, um ein schlichtes,
modernes Kleid zu krönen. Der
Schleier ist auch eine gute Möglichkeit, um Ihrer Hochzeitsgarderobe einen sentimentalen Touch zu
verleihen. Während das Brautkleid Ihrer
Mutter oder Großmutter vermutlich zu
altmodisch aussehen oder nicht Ihrem
Geschmack entsprechen wird, läßt
sich ein Schleier leicht umarbeiten,
so daß er er zu Ihrem Stil paßt und
Ihrem Kleid entspricht. Wenn Sie
in einer Kirche oder an einem
anderen Ort heiraten, wo Sie einen langen Gang entlangschreiten, halte ich ein Kleid mit
einer Schleppe und einem langen Schleier (oder zumindest
einen langen Schleier) für
angebracht. Es ist ein so
dramatischer Auftritt. Eine lange Schleppe kön-
nen Sie sich beim Tan-
zen über den Arm
legen und einen lan-
gen Schleier nach
der Zeremonie ab-
nehmen, so daß
nur das ein-
facher zu
handha-
bende

schulter- oder taillenlange hintere Stück zurückbleibt.

Wenn Sie Kleider und Schleier anprobieren, ist es äußerst wichtig, einen Blick auf Ihre Rückseite zu werfen. Eine Hochzeitszeremonie ist nämlich die einzige Gelegenheit, bei der die Leute Sie tatsächlich mehr von hinten als von vorn sehen. Bei jeder Anprobe sollten Sie deshalb die Rückseite Ihres Kleides, Ihres Schleiers und Ihrer Frisur in einem dreiteiligen Spiegel genau betrachten – mit Kopfschmuck und voll ausgebreiteter Schleppe. Sie wollen doch schließlich genau wissen, wie Sie aussehen, wenn Sie während der Zeremonie allen den Rücken zudrehen.

Heute ist auch bei den Brautschuhen fast alles erlaubt. Der einfache, klassische Hochzeitspumps ist ein schlichter Seidenschuh mit kleinem Absatz und in einem zum Kleid passenden Farbton. Oft ist er vorne mit einer kleinen Blume oder Schleife verziert. Aber davon abgesehen, sind die Möglichkeiten uferlos. Ich habe schon Bräute in schicken, kleinen Kleidchen mit hochhackigen Riemchensandalen gesehen. Manche Bräute tragen bequeme flache Schuhe, weil sie Angst haben, in der Kirche zu stolpern. Und ich kenne sogar eine Frau mit Problemfüßen, die entschlossen war, sich am Tag ihrer Hochzeit wohl zu fühlen und stundenlang zu tanzen, also trug sie weiße Schnürstiefel unter ihrem ansonsten sehr traditionellen Kleid. Tatsache ist, daß wenn Sie ein langes, weites Kleid tragen, nur sehr wenige Menschen überhaupt in der Lage sein werden, einen Blick auf Ihre Schuhe zu werfen, also können Sie sich genausogut welche kaufen, die Ihnen bequem sind.

Wenn die Flitterwochen vorbei sind

Nach allem, was Sie mitgemacht haben, um das perfekte Kleid zu finden, sollten Sie sich um Himmels willen auch die Mühe machen, dafür zu sorgen, daß es in den nächsten Jahren unverändert schön bleibt. Um ein Kleid aufzubewahren, genügt es nicht, es auf einen Bügel zu werfen und in die hinterste Ecke Ihres Kleiderschranks zu knallen. Wenn es keine Flecken hat, müssen Sie es eigentlich nicht reinigen lassen, bevor Sie es verpacken. Besser (und bedeutend billiger) ist es, sich eine große Schachtel zu besorgen – am besten die, in der es geliefert wurde –, diese mit weißem Seidenpapier auszulegen und das ganze Kleid mit Seidenpapier auszustopfen, so daß es am Schluß aussieht, als stecke ein Körper darin. Falten Sie das Kleid vorsichtig, legen Sie es in die Schachtel und verkleben Sie diese rundherum mit starkem Klebeband. Fast noch wichtiger als das Wie ist das Wo der Aufbewahrung. Wärme und Feuchtigkeit lassen den Stoff verblassen und machen ihn noch fragiler. Achten Sie also darauf, Ihr Kleid an einem kühlen, trockenen Platz aufzuheben.

Kapitel 6

Das Dilemma
mit der legeren Kleidung

Lässige Kleidung am Arbeitsplatz

Was Sie tun und lassen sollten

♦ Denken Sie daran, daß auch legere Kleidung ordentlich aussehen kann (und sollte).

♦ Schlüpfen Sie nicht einfach nur in das, was auf dem Stuhl neben Ihrem Bett liegt.

♦ Vergessen Sie nicht, sich auch von hinten im Spiegel zu betrachten.

♦ Tragen Sie keine Leggings oder irgendwas anderes, worin sich Ihre Unterhose abzeichnet.

♦ Denken Sie an die passenden Accessoires – eine sportlichere Uhr oder kräftigere Panzerarmbänder.

♦ Glauben Sie nicht, daß es einen maßgeschneiderten Hosenanzug schon lässig aussehen läßt, wenn Sie Ihre vor Schmutz starrenden Turnschuhe dazu anziehen.

♦ Passen Sie Ihre Frisur und Ihr Make-up Ihrem legeren Look an (benutzen Sie eine natürlichere Lippenstiftfarbe anstelle von Blutrot).

♦ Ein ungeschminktes Gesicht und fettige Haare, die Sie unter eine Baseball-Kappe stopfen, sind definitiv nicht gemeint.

Casual Friday ist eine in den USA übliche Sitte, wonach man sich am Freitag – mit Blick aufs Wochenende – legerer kleidet als normalerweise am jeweiligen (Büro-) Arbeitsplatz üblich. Auch in vielen europäischen Unternehmen und Konzernen setzt sich diese Firmenpolitik zunehmend durch. Im übrigen gibt es auch hierzulande zumindest in einigen Branchen immer wieder Tage, an denen man sich legerer kleidet.

Damals in den siebziger Jahren, als die Frauen zum ersten Mal in Scharen (wieder) auf den Arbeitsmarkt drängten, lösten sie das Problem, wie sie sich für ihre neuen Rollen im Büro kleiden sollten, auf die denkbar einfachste Weise. Sie kopierten einfach, was die Männer seit Jahren zur Arbeit trugen: den Anzug, das Oberhemd und die Krawatte. Der einzige Unterschied war, daß sie statt der Hosen unmodische, gerade über das Knie reichende Röcke trugen. Das war wahrscheinlich die unattraktivste Mode (sie hielt sich jedoch leider bis weit in die Achtziger hinein). Diese Frauen in ihren formlosen, geschlechtsneutralen marineblauen Kostümen sahen mit ihren lächerlichen kleinen Krawatten eher wie eine Herde von Stewardessen aus als wie einflußreiche Geschäftsfrauen. Und was das Schlimmste daran war – sie sahen gewiß nicht wie Frauen aus. Wie schnell sind wir von dort zur gegenwärtigen modischen Einstellung gelangt, die heute in so vielen Büros fast alles zuläßt.

Eine kürzlich veröffentlichte Umfrage am Arbeitsplatz hat ergeben, daß erstaunliche neun von zehn amerikanischen Firmen ihren Angestellten mindestens an einem Tag der Woche legere Kleidung erlauben. Kein Wunder also, daß viele Frauen (und wahrscheinlich auch einige Männer) in Verwirrung geraten, wenn ihr Unternehmen verkündet, daß die Kleidervorschriften an Freitagen gelockert oder – in manchen Fällen – sogar für die ganze Woche aufgehoben werden. Da hat man sich nun jahrelang um den Aufbau einer Garderobe von Business-Kostümen bemüht, die zwar manchmal langweilig waren, Ihnen aber zumindest das Gefühl gaben, in jeder geschäftlichen Situation angemessen gekleidet zu sein. Aber plötzlich gibt es diese alte Gewißheit nicht mehr, und Sie haben die Freiheit, sich lässiger zu kleiden. Die neuen Regeln verunsichern viele. Was ist angemessen? Kann ich wirklich in T-Shirt und Baumwollhose in eine Besprechung oder zu einem Mittagessen mit einem Kunden gehen? Was werden die anderen tragen? Während ein geschäftsmäßiges Kostüm irgendwie allen die gleichen Chancen gab und jeden, was die Kleiderfrage anging, auf dieselbe Stufe stellte (so wie Schuluniformen das bei Kindern tun), bleibt bei der legeren Bürogarderobe schrecklich viel dem eigenen Ermessen überlassen. Während die eine unter leger Shorts und T-Shirt versteht, greift eine andere da eher zum schlichten Hosenanzug. Und würden sie sich nicht beide etwas eingeschüchtert und deplaziert fühlen, wenn sie sich zu einem Geschäftstermin träfen?

Hier ein paar Outfits, mit denen Sie sicher nicht degradiert werden.

◆ Unterschätzen Sie nie die Wirkung eines schlichten Blazers. Ein klassisches schwarzes oder marineblaues Sakko sorgt dafür, daß Sie selbst in Jeans und weißem T-Shirt auf einen Schlag professioneller aussehen.

◆ Tragen Sie Denim nicht nur als Hosenstoff. Ein frisches, noch nicht verwaschenes Jeanshemd läßt einen schwarzen Hosenanzug lässiger wirken.

◆ Jacken, die keine Jacketts sind – wie eine schlichte, lange Strickjacke – zeichnen ohne Respektsverlust ein weicheres Bild von Ihnen.

◆ Kleider im T-Shirt-Schnitt (solange sie nicht zu kurz oder zu eng sind) können die perfekte Lösung darstellen. Motzen Sie sie mit einem Blazer oder einer feinen Strickjacke darüber etwas auf.

Wenn Sie an ein legeres Bürogewand denken, fällt Ihnen wahrscheinlich Armani nicht als erstes ein, dabei waren seine Kleider die Vorläufer dieses ganzen Trends. Er ging das Problem vom Standpunkt der Haute Couture aus an, und zwar mit tadellos geschnittenen Hosenanzügen. Der Schneeballeffekt ließ nicht lange auf sich warten. Sobald Armani Hosen für Frauen in Büros und auf Parties salonfähig gemacht hatte, folgten Designer und Hersteller aller Preislagen und Stilrichtungen. Heute geht man einfach ins Kaufhaus und bekommt dort den gleichen Look. Aber dieser lässige Stil ist nicht neu – denken wir nur an Katherine Hepburn. An ihr sahen Hosen und Männerhemden schon vor Jahrzehnten sexy und schick aus. Der Unterschied war damals nur, daß sie diese Sachen als ihr persönliches Markenzeichen trug. Heute tun wir es, um auszusehen wie alle anderen!

Ich denke, die wichtigste Regel, die man im Hinterkopf behalten sollte, ist,

Lässig, aber hübsch und gepflegt ... unterschätzen Sie die Wirkung eines schlichten Blazers nicht

daß leger nicht mit schlampig gleichzusetzen ist. Sie können sich lässig anziehen und trotzdem wie aus dem Ei gepellt aussehen (ein bißchen Make-up und ein guter Haarschnitt helfen dabei). So fühlen Sie sich auch am Arbeitsplatz oder in einer Besprechung noch angemessen gekleidet. Das andere Problem besteht darin, daß manche Leute lässig mit allzu sexy verwechseln. Während ein bauchfreier Pulli oder ein rückenfreies Oberteil am Wochenende toll aussehen, ist diese Art der Zurschaustellung am Arbeitsplatz niemals angebracht. Wenn Sie in einem Büro beschäftigt sind, wo man sich allgemein leger kleidet, holen Sie sich Ihre modischen Anregungen von den Kolleginnen. Ich bin normalerweise keine Verfechterin modischer Konformität, aber der Arbeitsplatz ist einer der wenigen Orte, wo das Wort »angemessen« noch angebracht ist. Die Definition von »dressed for success« mag sich seit den Tagen von dunkelblauen Kostümen und Bluse mit Schleife radikal geändert haben, aber die äußere Erscheinung zählt in der Berufswelt nach wie vor. Eine sichere Sache ist es, sich daran zu orientieren, was Ihre Vorgesetzten tragen. Das soll jetzt nicht heißen, daß Sie deren Garderobe Stück für Stück kopieren sollen, aber wenn beispielsweise Ihre Chefin als legerste Lösung schicke Hosen, ein Twinset oder eine hübsche Bluse trägt, sollten Sie sich zweimal überlegen, ob Sie in Jeans oder Shorts ins Büro marschieren.

Ein anderer Trend in der Berufswelt mit Auswirkungen auf die Mode besteht darin, daß immer mehr Leute ihr Büro nach Hause verlegen. Wenn es in Ordnung ist, Ihre Freizeitkleidung im Büro zu tragen, was um Himmels willen sollen Sie dann tragen, wenn Sie zu Hause arbeiten? Ich glaube, es ist sehr leicht, der schlechten Angewohnheit zu verfallen, sich nie richtig anzuziehen, d. h. den ganzen Tag im Morgenrock oder Jogginganzug »im Büro« zu sitzen. Zumindest würde ich Ihnen raten zu versuchen, jeden Tag etwas anderes anzuziehen. Schlüpfen Sie nicht einfach nur in das Sweatshirt und die Leggings, die Sie am Abend vorher ausgezogen haben. Es ist sicher nicht nötig, ein Kostüm, Seidenstrümpfe und Pumps anzuziehen, aber stellen Sie sich vor den Spiegel und ziehen Sie etwas Vorzeigbares an. Die Falle, in die so viele Frauen tappen, besteht in dem Gedanken: »Wer soll mich denn schon sehen?« Und bald sitzen Sie nicht nur verlottert in Ihrem Büro, sondern erledigen im selben Outfit auch Besorgungen, treffen Leute zum Mittagessen und stoßen vielleicht zufällig auf Geschäftspartner. Auch wenn Sie sich nur für sich selbst anziehen – der Rest der Welt wird es zu schätzen wissen.

Man nehme ein T-Shirt

Mir kommt es so vor, als ob die ganze Idee der legeren Kleidung mit der Entwicklung des T-Shirts begonnen hätte. Es gab Golf- und Polohemden (die die Frauen am Wochenende aus den Schränken der Männer stibitzten), aber das echte T-Shirt war ursprünglich in die Schublade mit der Herrenunterwäsche verbannt. Schrittweise hat diese Stapelware für Männer es von ganz unten bis zur Notwendigkeit für Männer, Frauen und Kinder gebracht. Das klassische Pocket-Tee der Firma Gap war Vorreiter des neuen Trends, als die meisten T-Shirts noch groß und unförmig waren. Jetzt scheint es so, als würden die Damen-T-Shirts in jeder Saison schrumpfen und immer kleiner und enger werden. Manche sind schon geradezu mikroskopisch!

Man findet kaum ein einzelnes Kleidungsstück, das so vielseitig, allgemein akzeptiert und omnipräsent ist wie das T-Shirt. Man sieht es unter Armani-Anzügen im Büro (sowohl bei Männern wie bei Frauen), im Fitneß-Studio, mit Jeans, und es ist mit jedem nur denkbaren Logo oder Schriftzug versehen. Ich stehe manchmal fast Kopf, bei dem Versuch, zu lesen, was auf Brust und Rücken der Leute, denen ich auf der Straße begegne, geschrieben steht. Es ist sinnvoll, sich eine ganze T-Shirt-Garderobe zuzulegen, vor allem seit ihr Stil von Designern aufgegriffen wurde, die nicht nur Variationen in Baumwolle, sondern auch solche aus Samt, Satin, Seide und sogar Kaschmir herausbringen. Wer braucht bei all diesen Möglichkeiten überhaupt noch andere Tops? Während der Sommermonate mausert sich das T-Shirt sogar zum vielseitigen kleinen Kleid. Und das Interessante ist, daß T-Shirts wirklich Mode für die große Masse sind. Man findet sie in jeder Preislage – von »drei Stück für 19,90« bis zu Designer-Stücken für ein paar hundert Mark. Dieser Look ist wirklich für jeden erschwinglich. Und Sie müssen sicher kein Vermögen ausgeben, um sich damit gut anzuziehen. Ein feines Baumwoll-T-Shirt in gutem Zustand (ja, gebügelt sieht es immer besser aus) paßt genausogut unter einen Blazer wie eine teurere Version.

Leger bedeutet, besonders wenn es um Büromode geht, für die meisten Frauen Hosen. Und es ist ein großer Vorteil, wenn man sie am Arbeitsplatz tragen kann – man sitzt bequemer am Schreibtisch, tut sich leichter beim Autofahren, und sie sind weniger hinderlich, wenn man von Termin zu Termin hetzt. Vielleicht haben die Männer das schon immer gewußt … Es gibt so viele Optionen und Stilrichtungen, die alle auf dem einfachen, zweibeinigen Schnitt beruhen – weit, eng, elastisch, mit Bügelfalte oder ohne usw. Da vergeht vielen Frauen die Lust aufs Aussuchen zur Gänze. Dabei ist die beste Empfehlung eigentlich ganz einfach: Tragen Sie, was Ihnen steht. Sie können sich an der gegenwärtigen Mode orientieren (im allgemeinen wird der eine oder andere Schnitt zur »Hose der Saison« erklärt), aber letztendlich werden Sie nur lächerlich aussehen, wenn Sie sich nicht an den Stil halten, der Ihnen am besten steht. Eine Hose zu finden, die paßt, kann sehr schwer sein, deshalb bin ich eine überzeugte Verfechterin der Taktik, mehr als ein Paar von einer Hose zu kaufen, die wirklich sitzt und Ihrer Figur schmeichelt. Eine Hose wird nicht wirklich unmodern, aber sie könnte nicht mehr im Angebot sein, wenn Sie das nächste Mal nach ihr suchen. Ich weiß, wovon ich rede. Ich habe diese Lektion selbst gelernt.

Wenn die Kleidung legerer wird, sind alle Altersbeschränkungen aufgehoben. Plötzlich kann sich jeder – vom Kleinkind bis zur Großmutter – im selben Stil anziehen. Sehen Sie sich nur die Kindermode an – all diese Mini-Versionen der »großen« Jeans, T-Shirts und Baumwollhosen. Das macht die Menschen über alle Altersgrenzen und finanziellen Möglichkeiten hinweg wirklich gleich. Nehmen wir zum Beispiel die Jeans. Hätte sich ein amerikanischer Farmer früherer Zeiten jemals träumen lassen, daß wir heute alle in seiner Arbeitskleidung herumlaufen? Ganz zu schweigen von den Preisen, die wir dafür auszugeben bereit sind. Da es Jeans heute – fast so wie T-Shirts – in jeder nur vorstellbaren Farbe und aus jedem Material gibt, sind sie als »richtige« Hosen absolut akzeptabel. Schwarze Stretch-Jeans kombiniert mit einem Blazer bilden oft ein bequemes, legeres Ensemble fürs Büro. Und Samt oder Satin-Jeans sieht man in Kombination mit Seidenblusen, T-Shirts oder Pullovern auch auf vielen Parties.

Dank moderner Technologie – mit all den angenehmen neuen Stretchmaterialien – sieht bequeme Kleidung in den letzten Jahren sehr viel besser aus. Es ist jetzt bedeutend leichter, Kleider zu kaufen, die gut passen und schlank machen oder einen ohnehin schlanken, sportlichen Körper besser zur Geltung bringen. Verstecken Sie sich nicht hinter lässiger Kleidung – den sackartigen, überdimensionalen Sachen oder abgelegten Stücken Ihres Mannes, wenn Sie sich bequem kleiden wollen. Nehmen wir als Beispiel nur die allgegenwärtigen Leggings, die soviel schmeichelhafter aussehen als eine riesige Jogginghose. Die Lösung für die nicht ganz so perfekte Figur besteht darin, eine schmale Hose oder Leggings mit einem längeren Pullover, einer Jacke, Bluse oder einem T-Shirt zu kombinieren, die den Eindruck von Schlankheit erzeugen.

Stretchfasern können heute in allem enthalten sein, in Hosen, Hemden, Röcken, Blazern und jedem Stoff. Sie finden Sie in Baumwolle, Denim, Samt und sogar Wolljersey eingewebt. Der Schlüssel zum Tragen von Stretchsachen ist, eine gute Paßform zu finden, was aber nichts mit dem Preis zu tun hat. Sie müssen einfach anprobieren – und zwar vieles. Ich denke, manche der besten Sachen kommen aus preiswerteren Läden wie The Gap. Und da man sich nicht sicher sein kann, wie lange manche dieser Sachen halten, warum sollte man sie dann nicht zu einem Preis kaufen, bei dem es Spaß macht, sie zu tragen, und man sich nicht mit ihnen verheiratet fühlen muß. Wenn sich am Ende der Saison Ihre Stretchhose für 80 Mark an den Knien ausbeult – die elastischen Fasern gehen mit der Zeit beim Waschen kaputt –, macht das auch nichts. Der Langlebigkeit zuliebe sollten Sie elastische Gewebe jedoch nie in den Wäschetrockner geben, weil die Hitze das Material ruiniert.

Ich mag das Gefühl von Stretchstoffen am Körper, aber manche müssen sich vielleicht erst daran gewöhnen. Eine etwas kräftigere Frau kann darin sehr schlank aussehen – sobald sie sich einmal in sie hineingezwängt hat –, weil sie den Körper zusammenhalten. Das ist, als ob man in ein festgestopftes Bett schlüpft. Diese Art von Kleidern ist nicht für Leute gemacht, die beim Schlafen alle Decken wegstrampeln. Allerdings gibt Stretch nach und paßt sich Ihren Bewegungen an; nachdem Sie das Kleidungsstück ein paarmal getragen haben, paßt es sich Ihrem Körper an und formt ihn.

Machen Sie mit bei Pulloverkombinationen

Ich glaube ehrlich gesagt nicht, daß ein Kapitel groß genug sein kann, um alles zu enthalten, was man über Pullover sagen kann. Ich könnte ein eigenes Buch nur damit füllen. Pullover gehören zur Grundausstattung, sind aber zugleich hochmodisch. Man trägt sie zu Hause, bei der Arbeit und zum Ausgehen. Sie können leger oder extrem verführerisch wirken. Heute sieht man Pullover sogar schon bei den feierlichsten Anlässen. Welches andere Kleidungsstück könnte all das? Ich kenne Frauen, die absolute Pulloverfans sind. Sie geben für einzigartige Exemplare fast beliebige Summen aus um ihre Sammlung zu erweitern. Für sie sind Pullover nicht einfach Kleidung, sondern Sammlerstücke, wie edles Porzellan oder wertvolle Puppen.

Am sinnvollsten beginnen Sie den Aufbau einer Pullovergarderobe mit einem schlicht geschnittenen Stück in einer Grundfarbe, zum Beispiel schwarz. Es kann einen runden Ausschnitt, einen Rollkragen oder V-Ausschnitt haben, eben das, was Ihnen am besten gefällt. Dieser Pullover kann aus einem beliebigen Material gestrickt sein – von Baumwolle über Merinowolle bis hin zu Seide oder Kaschmir. Sie werden ihn zu Hosen, Röcken, Jeans, mit oder ohne Jacke darüber tragen. Ich garantiere Ihnen, daß Sie ihn künftig häufiger als jedes andere Kleidungsstück aus Ihrem Schrank holen. Wenn Sie eine passende Strickjacke dazu nehmen, sind Ihre Möglichkeiten

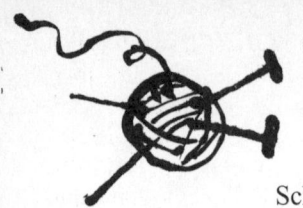

sogar noch vielfältiger. Sie können die beiden Sachen nicht nur zusammen tragen, sondern die Jacke auch als Blazerersatz benutzen. Das ganze Jahr hindurch läßt sich die Jacke um Ihre Schultern schlingen, so daß Sie sie zur Hand haben, wenn es Ihnen kalt werden sollte. Wo es um die Vielseitigkeit geht, die Sie für Ihr Geld bekommen, ist ein Strickensemble aus Pullover und Jacke tatsächlich ebenso unverzichtbar wie das berühmte kleine Schwarze.

Mein Rat lautet, sich den Pullover aus dem luxuriösesten Material zu kaufen, das Sie sich leisten können. Der Traum jeder Frau ist wohl ein Kaschmirpullover, egal, ob es sich um die teuerste Ausführung oder ein Schnäppchen aus dem Kaufhaus handelt. Kaschmirpullover kommen nie aus der Mode, so daß sie wirklich eine phantastische Investition darstellen. Ein Grund mehr, sie pfleglich zu behandeln und gegen Motten zu schützen. Entfernen Sie die Mottenkugeln, sobald der Winter vorbei ist. Ich höre häufig von Leuten, deren Kleiderschränke oder Dachböden von Motten oder Mäusen bevölkert werden. Ich denke mir immer, daß diese Mäuse wundervolle Nester haben müssen, ausgepolstert mit Kaschmir in den verschiedensten Farben. Diese Mäuse haben wahrscheinlich schönere Pullis als ich …

Es gibt Unterschiede bei Kaschmir, nicht alle Sorten fühlen sich gleich butterweich an und besitzen diese unglaubliche Langlebigkeit. Ich kenne Frauen meines Alters, die immer noch stolze Besitzerinnen von Kaschmirpullovern aus ihrer Studentenzeit sind, die nach wie vor tadellos aussehen. Aber es gibt genauso viele Pullis (und sogar teure), die schon nach ein paar Saisons aus der Form geraten. Wenn Sie sich auskennen, fühlen Sie den Unterschied mit der Hand. Er hat mit der Qualität der Wolle und ihrem Reinheitsgrad zu tun, nicht unbedingt mit dem Gewicht. Der beste Kaschmir kommt normalerweise aus Schottland. Wenn Sie ihn beispielsweise mit Kaschmir aus China vergleichen, werden Sie feststellen, daß er ein anderes Material zu enthalten scheint – wahrscheinlich Angora –, das sich auf der Haut etwas kratziger anfühlt. Leider weisen viele Hersteller die Herkunft ihrer Wolle nicht auf dem Etikett aus, so daß Sie auf

Ihre eigene Erfahrung angewiesen sind. Es gibt Kaschmirpullover aus zwei- und vierfädigem Garn, aber das sagt nichts über die Qualität aus – es macht das fertige Stück nur leichter oder schwerer. Manchen Leuten ist der schwerere, reine Kaschmir zu schwer; einige sind sogar allergisch dagegen. In diesem Fall sollten Sie eine Seiden-Kaschmir-Mischung oder feine Merinowolle ausprobieren. Auch diese Garne fühlen sich so edel an wie Kaschmir und sind sehr haltbar.

Während es eine Sache der Erfahrung ist, zu versuchen, die Qualität eines Pullovers mit der Hand zu erfühlen, werden Sie um den nächsten Schritt von Anfang an nicht herumkommen: mit dem Stück in die Umkleidekabine gehen, um festzustellen, ob es Ihnen wirklich paßt. Ich kann Ihnen nicht sagen, wie viele Frauen ich mit Pullovern, die sie gar nicht anprobiert haben, zur Kasse gehen sehe. Das ist ein großer Fehler, weil schließlich nicht alle Pullover gleich sind. Bis Sie ihn nicht anprobiert haben, können Sie überhaupt nichts über die Größe, die Länge der Ärmel und den Sitz des Ausschnitts sagen oder darüber, wie er über Ihrer Taille oder Ihren Hüften fällt. Wenn Sie einen großen Busen haben, sollten Sie irgendwelche kurzen Pullover gar nicht erst probieren, da sie Sie wahrscheinlich obenherum sehr schwer wirken lassen.

Und jede Frau – egal wie gut ihre Figur ist – sollte einen Bogen um lange Pullover machen, die unten gebunden werden. Diese Raffung ist absolut tödlich, weil sie genau die falsche Stelle betont. Ich nenne das einen »Hüftschmeichler« – und den brauchen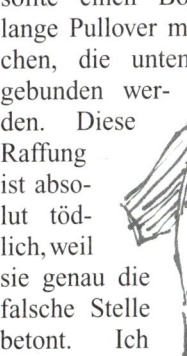

Sie am allerwenigsten. Wenn Sie eine nicht ganz so perfekte Figur kaschieren wollen, sollten Sie nach einem langen, schmalen Pullover suchen, der über Ihre Hüften fällt und unten kein enges Bündchen hat. Wenn Sie so ein Stück über einem geraden Rock oder schmalen Hosen tragen, erzeugt das eine lange, schöne Silhouette. Das ist eine gute Lösung, wenn Sie obenherum ein bißchen breit, untenherum aber schlank sind. Kaschmir eignet sich bestens dafür, ein Bäuchlein oder breite Hüften zu überspielen, weil er nicht eng am Körper anliegt. Manche Strickwaren aus Seide, Baumwolle oder Chenille kleben dagegen an jeder Kurve und Delle.

Sechs Möglichkeiten für ein Twinset

1. Knoten Sie sich jedesmal eine Strickjacke um die Taille, wenn Sie etwas tragen, das Ihrer Ansicht nach mehr von Ihrem Bauch oder Ihrer Rückseite zeigt, als Ihnen lieb ist.
2. Legen Sie sich die Ärmel der Strickjacke wie einen Schal um den Hals, wenn Wind aufkommt.
3. Probieren Sie den Pulli mit Rundhalsausschnitt unter einem ärmellosen Kleid.

4. Ziehen Sie den Pulli über ein ärmelloses oder kurzärmeliges Kleid, so daß es wie Rock und Pullover aussieht.
5. Tragen Sie die Strickjacke »ohne alles« und lassen Sie ein paar Knöpfe offen ... sexy!
6. Kombinieren Sie für eine Cocktailparty Pulli oder Twinset mit einem engen Rock aus Satin oder Samt.

Obwohl Pullover nie wirklich aus der Mode kommen, denke ich, daß das derzeitige Revival des Twinsets eine direkte Folge des Trends zur figurbetonten Mode ist. Die Designer haben damit begonnen, Jacken so eng auf den Körper zu schneidern, daß Karl Lagerfeld vor einigen Saisons spezielle Corsagen kreieren mußte, die unter seine Chanel-Jacken paßten. Egal ob mit oder ohne Scarlett-O'Hara-»Untergestell«: Viele Frauen – die Sorte mit richtigen Körpern und richtigen Busen und richtigen Schreibtischen, an denen Sie täglich sitzen – könnten sich einfach nicht in solche engsitzenden Jacken zwängen. Noch würden die meisten von ihnen das auch nur versuchen wollen. Was kann die berufstätige Frau also tun, wenn sie kein Jackett tragen will? Die Antwort kommt in Gestalt des Twinsets. Die Strickjacke – besonders die lange, schmale, auf Figur geschnittene – ist eine ausgezeichnete

und absolut akzeptable Alternative. Versuchen Sie auch einmal, das Set zu trennen und jedes Teil mit anderen Stücken Ihrer Garderobe zu kombinieren. Der Pullover paßt unter einen Blazer ebenso wie über eine Bluse. Die Strickjacke kann man zugeknöpft auch allein oder über jeder Art von Bluse oder T-Shirt tragen oder als Ersatz dafür unter einer Jacke. Sie können mit einem schmalen Ledergürtel darüber sogar Ihre Taille betonen. Nicht vergessen sollten Sie die Möglichkeiten, die Sie hinsichtlich der Farben haben. Was können Sie schon falsch machen, wenn Sie einen Pulli in einer Ihrer Lieblingsfarben kaufen?

In den fünfziger Jahren gab es die wundervollsten und luxuriösesten Pullover für den Abend. Sie waren meist aus Kaschmir und mit Perlen, erlesenen Stickereien oder Pailletten verziert. Heute finden Sie diese Stücke in Second-Hand-Läden, und auf Flohmärkten. Wenn Sie in Versuchung geraten, eines davon zu kaufen (und wer würde das nicht?), sehen Sie sich den Pullover genau an, bevor Sie zuschlagen. Einer, der wie ein Schnäppchen erscheint, dem aber einige Perlen fehlen oder der Löcher in der Spitze aufweist, kommt Sie im Endeffekt ziemlich teuer, weil es ungeheuer viel Geld kostet, diese Handarbeiten reparieren zu lassen. Anstelle eines echten Abendpullovers können Sie auch einen, den Sie bereits besitzen, für elegantere Anlässe stylen. Allein schon mit einer kurzen Perlenkette oder einem massiven Gold- oder Silberhalsband ist ein schlichter, figurbetonter Pulli genügend aufgemotzt, um zu einem langen Abendrock oder einem sexy Mini bei einem festlichen Abendessen zu passen.

Sie müssen Ihre Strickwarenkollektion jedoch nicht auf traditionelle Oberteile beschränken. Wenn Sie mögen, kleiden Sie sich von Kopf bis Fuß mit Röcken, Kleidern, Hosen und Mänteln aus dem wundervollen, kuscheligen Garn. Sollten Sie sich in Ihrem weiten Jogginganzug am wohlsten fühlen, dann investieren Sie doch in einen aus Kaschmir, der genauso bequem ist, aber sehr viel besser aussieht. Das einzige Problem mit gestrickten Röcken und Hosen ist, daß sie dazu neigen, auszubeulen. Beim Reinigen ziehen sie sich wenigstens ein bißchen wieder zusammen.

Kapitel 7

Innere Werte

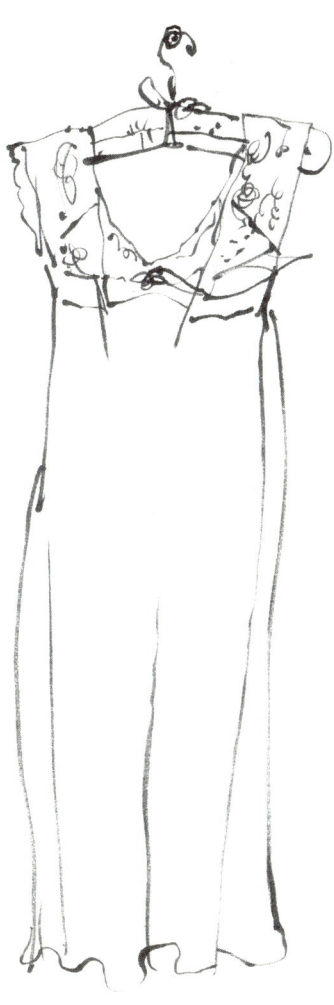

Mode hautnah

Vor Jahren hatte ich sehr viel mit den Kostümbildnern zu tun, die all die großen Stars der Soap-Operas einkleideten. Sie kauften viele extravagante Abendroben und schicke Kostüme, aber insgesamt habe ich ihnen, glaube ich, mehr Wäsche als Oberbekleidung verkauft. Wir pflegten gemeinsam die Dessous-Abteilung zu durchstreifen, und sie schnappten nach jedem aufreizenden Negligé, jedem Teddy und Mieder, das sie kriegen konnten. Das war natürlich vor der Zeit, als jeder begann, quasi nackt in diesen Serien aufzutreten. Die Tatsache, daß nicht einmal mehr die Geschöpfe unserer Phantasie sich in hübsche Wäsche kleiden, finde ich ziemlich deprimierend. Dabei sollte man den provozierenden Appeal nicht vergessen – für mich ist schöne, sexy und gut gemachte Unter- und Nachtwäsche eine schiere Notwendigkeit.

Heute, wo sich jeder so leger kleidet und extrem darauf bedacht ist, viel für das Geld, das er für Kleider ausgibt, zu bekommen, steht Wäsche natürlich nicht gerade an erster Stelle. In der Tat wird jemand, der nur ein begrenztes Budget zur Verfügung hat, als erstes an teurer Wäsche sparen. Okay, selbst ich muß zugeben, daß Sie hübsche, kostspielige Dessous nicht *brauchen*, aber sie machen Spaß. Ich meine, wenn Sie niemals die Gelegenheit haben, ein elegantes Abendkleid zu tragen, wie wäre es dann mit einem wundervollen seidenen Nachthemd von Zeit zu Zeit?

Wäsche und insbesondere luxuriöse Negligés sind in gewisser Weise in unserer heutigen hektischen Welt obsolet geworden. Die Leute scheinen einfach beschlossen zu haben, daß das etwas ist, worauf sie weder Zeit noch Geld verschwenden wollen. Wir stecken unsere ganzen modischen Anstrengungen und unser Geld in die äußere Verpackung. Die meisten Frauen investieren schrecklich viel in »Äußerlichkeiten« – Kleider, Frisur, Make-up, Nägel –, aber verwenden wenig Aufmerksamkeit und Gedanken auf ihre intimste Garderobe. Ich wundere mich immer über Frauen, die, ohne mit der Wimper zu zucken, ein paar Tausend Mark für ein Designer-Kostüm hinblättern, sich aber zieren, in der Dessous-Abteilung 80 Mark für einen BH auszugeben. Diese Frauen werden ihre teure Hülle ablegen, nur um dann BHs und Slips zu offenbaren, die im wahrsten Sinne des Wortes Fetzen sind. Ich schwöre Ihnen, daß manche von denen noch Büstenhalter aus den siebziger Jahren tragen. Und es ist mir ganz egal, wieviel diese damals gekostet haben, denn solche Dinger sind einfach nicht dafür gemacht, auch nur annähernd so lange zu halten. Sie können sie tragen, bis die elastischen Teile ausgeleiert sind, dann müssen Sie in den sauren Apfel beißen und sich neue kaufen.

Warum sollten Sie keine hübsche Wäsche tragen? Schließlich ist es das erste, was Sie jeden Tag anziehen. Es gibt irgendwie den Ton vor für die Lagen, die darauf folgen. Alles andere dient in Wirklichkeit nur der Verhüllung. Außerdem ist es nicht nur ein angenehmes Gefühl, schöne Wäsche unter den Kleidern zu tra-

Letzte Meldung: Frau in alter Unterwäsche von Bus überfahren

gen, denn man kann ja nie wissen, wann man froh darüber sein wird, sie anzuhaben! Ich kann Ihnen gar nicht sagen, wie oft sich Kundinnen vor mir ausziehen und für die Unterwäsche, die sie tragen oder auch nicht tragen – was oft genug vorkommt –, entschuldigen. Ich sage dann immer, machen Sie sich nichts draus, Sie sind nicht anders als alle anderen. Aber wenn dann mal eine Frau mit wunderschöner Wäsche zu mir kommt, können Sie sicher sein, daß sie sich nicht dafür entschuldigt.

Ich kann mich noch gut erinnern, wie ich als kleines Mädchen mit meiner Mutter Kleider kaufen ging. Man mußte immer seine beste Unterwäsche tragen. Gott behüte, die Verkäuferin im Laden hätte einen Blick auf etwas geworfen, das nicht die neueste, beste, sauberste Wäsche gewesen wäre. Das entspricht dem alten Klischee, daß man immer ordentliche Wäsche tragen soll, weil man nie weiß, ob man nicht von einem Bus überfahren wird. Gut, ich muß zugeben, daß ich noch nie das Foto irgendeines armen Mädchens in der Zeitung gesehen habe, deren Rock bis über den Kopf hochgerutscht war, während jedermann ihre Unterwäsche inspizierte. Trotzdem scheint das aber nach wie vor der Alptraum jeder Mutter zu sein.

Wenn der BH paßt

Seit den öffentlichen BH-Verbrennungen und der »Laß-hängen«-Mode der sechziger und siebziger Jahre ist schon einige Zeit vergangen. Anscheinend haben sich seither die Frauen in zwei Lager gespalten: Die einen tragen jedes alte Ding, egal wie zerlumpt es schon ist, unter ihrer teuren Oberbekleidung; die anderen können der Versuchung, etwas Feminines, Verspieltes auf der Haut zu haben, nicht widerstehen. Es ist die zweite Gruppe, die verrückt nach Wonderbras und anderen gepolsterten Extravaganzen ist. Bei uns standen im ganzen Land die Frauen vor den Läden Schlange, als der Wonderbra zum ersten Mal auf den Markt kam. Ich denke, wenn mehr Busen wieder in Mode kommt (und das tut er immer wieder), wird auch der erlesene BH wieder gefragt sein. Denn egal, wieviel er kostet – er ist immer noch billiger als die chirurgische Variante.

Ich bin immer überrascht, daß es bei all dem Preisbewußtsein doch noch eine große Gruppe von Frauen gibt, die bereit sind, großzügig Geld für BHs auszugeben. Letztens meinte eine Kundin zu mir: »Ich muß verrückt sein. Ich habe einen BH für 85 Dollar gekauft – und jetzt bin ich hier, um mir noch mehr davon zu holen!« Exklusive Wäsche-Boutiquen wie »Victoria's Secret« würden sicher nicht so florieren, wenn Frauen sich nicht für wohlgeformte, spitzenbesetzte und manchmal wirklich verrückte BHs und passende Höschen interessieren würden. Ich glaube, daß es hier um mehr geht als um männliche Bewunderung. Na gut, ich bin in den Schlafzimmern nicht dabei, also weiß ich nicht, was dort passiert, aber ich bin überzeugt, daß diese femininen Dessous gekauft werden, weil Frauen damit ihr Selbstvertrauen stärken wollen. Und warum auch nicht? Es gibt kein schöneres Gefühl, als einen BH oder ein Unterhemd aus Seide auf der Haut zu spüren, selbst wenn Sie darüber ganz businessmäßig gekleidet sind.

Viele Frauen haben Probleme mit BHs, die nicht richtig passen. Es gibt nichts Unbequemeres oder Unattraktiveres als einen schlecht sitzenden BH. Ich glaube, die Wurzel allen Übels liegt darin, daß so wenige Frauen, die BHs verkaufen, ihre Produkte wirklich kennen. Die einzig vernünftige Methode besteht darin, hinzufassen und den BH der Kundin selbst anzupassen – nicht darin, hinter einer Theke zu stehen und die Leute zu einem Verkaufsständer zu schicken. Es ist wirklich eine Schande, daß man Sie in den meisten Dessous-Abteilungen einfach sich selbst überläßt. Hier sind kleinere Wäschefachgeschäfte oft ein Segen. Wenn Sie in der riesigen Wäscheabteilung eines Kaufhauses Probleme haben, einen passenden BH zu finden, sollten Sie es in einem kleineren Laden probieren, wo Sie darauf hoffen können, an jemanden zu geraten, der Ihnen hilft, einen bequemen, attraktiven, gut sitzenden BH zu bekommen.

Bedenken Sie auch, daß unterschiedlich geschnittene BHs unterschiedlich sitzen (kaufen Sie deshalb nur, was Sie anprobiert haben). Die Größe Ihres Busens variiert im Verlauf eines Monats. Radikal kann sich Ihr Brustumfang ändern, wenn Sie zu- oder abnehmen, schwanger sind oder gerade abgestillt haben. Jedesmal, wenn sich Ihr Körper signifikant verändert hat, ist es sinnvoll, nachzumessen und Ihre BH-Größe neu zu bestimmen. Noch besser wäre es, ein Geschäft aufzusuchen, wo eine erfahrene Verkäuferin nicht nur Maß nimmt, sondern Sie auch hinsichtlich des richtigen Schnitts und des passenden BH-Typs für Ihre Größe und Figur berät.

So viele von uns verschwenden so wenige Gedanken auf ihre Unterwäsche, dabei ist ein passender BH wirklich eine Notwendigkeit, bevor Sie Oberbekleidung kaufen. Ich mußte schon Frauen zum Kauf eines richtig sitzenden BHs fortschicken, bevor ich ihnen überhaupt Kleider zur Anprobe geben konnte. Es stimmt wirklich, daß das, was Sie drunter tragen, einen Effekt auf das hat, was Sie darüber anziehen. Zum Beispiel sehe ich oft Frauen, die diese spitzenbesetzten, filigranen BHs unter dünnen Baumwoll-T-Shirts tragen, was absolut schrecklich aussieht. Und dann gibt es Frauen, die so verrückt auf Push-up-BHs sind, daß sie diese unter allem anziehen – selbst unter engen, hochgeschlossenen Tops. Offenbar machen sie sich dabei keine Gedanken darüber, wie das wirkt. Eine Frau mag ihren Anblick in einem solchen BH lieben, aber wenn sie ein Top darüberzieht, sollte sie nicht vergessen, daß aufgrund des Push-up-Effekts über jeder Brust eine Beule erscheint, weil der BH ihren Busen nach oben drückt. Wenn sie ein ausgeschnittenes Oberteil trüge, sähe ihr Dekolleté sehr verführerisch aus, aber wenn diese Extrarundungen in einem T-Shirt stecken, wirkt das bloß lächerlich.

Leider gibt es keine andere Möglichkeit, vorherzusagen, wie ein BH unter Ihren Sachen aussehen wird, als ihn anzuprobieren. Ich bringe deshalb meinen Kundinnen immer einen figurbetonten, dünnen Pullover oder ein enges T-Shirt in die Umkleide, wenn sie BHs anprobieren. Das ist eine sehr einfache, schnelle und wirklich narrensichere Methode, um herauszufinden, wie ein BH im Endeffekt aussieht. Es kostet Sie keinen Pfennig (kann Ihnen aber Unsummen ersparen, weil es Sie davor bewahrt, teure Fehler zu begehen, die dann ein Dasein in der Verbannung ganz hinten in Ihrer Wäscheschublade fristen). Dies ist ein absolut wichtiger Tip, denn ein BH kann perfekt passen, alleine wunderbar aussehen und trotzdem fürchterlich wirken, sobald Sie einen Pullover drüberziehen. Ich kann Ihnen gar nicht sagen, wie viele Frauen sich in einen BH verlieben, nur um dann feststellen zu müssen, daß er unmöglich unter ihre Sachen paßt. Ich würde Ihnen sogar empfehlen, eine Reihe verschiedener Tops darüber anzuprobieren – etwas Seidiges, Enganliegendes, etwas fast Durchsichtiges, etwas weiter Geschnittenes. Das klingt vielleicht nervig und aufwendig, spart Ihnen auf lange Sicht jedoch eine Menge Ärger. Und abgesehen davon finde ich, daß man sich für den Kauf eines BHs Zeit nehmen muß. Quetschen Sie das nicht noch in Ihr Programm, wenn Sie ohnehin schon mehrere Dinge besorgen wollen. Planen Sie dafür lieber einen eigenen Einkaufsbummel ein.

Wenn Sie einen BH kaufen wollen, der unter ein bestimmtes Kleidungsstück, z. B. ein Abendkleid, passen soll, das Sie nicht unbedingt mit ins Wäschegeschäft schleppen wollen, erkundigen Sie sich vor dem Kauf, ob Sie den BH zurückgeben können. Falls das möglich ist, können Sie mehrere mit nach Hause nehmen und ausprobieren, welcher am besten paßt. Wenn der Laden keine Umtausch- oder Rückgabemöglichkeit gewährt, müssen Sie wohl oder übel Ihr Kleid mitbringen. Und wenn Sie dann absolut zufrieden sind und die richtigen BHs gekauft haben, sollten Sie sie vor dem ersten Tragen waschen. Das ist eine Gewohnheit, die ich noch aus meiner Jugend habe, aber wie üblich hatte meine Mutter damit recht. Waschen Sie sie mit der Hand oder in einem Wäschesack mit einem Schongang in der Waschmaschine; lassen Sie sie auf der Leine trocknen. Sie können mir glauben, daß Sie länger etwas von Ihren BHs haben werden, wenn Sie sie pfleglich behandeln. Nach ein paar Wäschen wird der BH sich Ihrem Körper noch besser angepaßt haben. Er ist dann weniger steif und deshalb auch angenehmer auf der Haut zu tragen. Ein weiterer Trick, damit er weniger spitz aussieht: Wählen Sie BHs mit Körbchen, deren Nähte in einem spitzen Winkel und nicht quer zur Brust verlaufen. Solche Nähte zeichnen sich nicht so deutlich durch Ihre Kleidung ab und sorgen dafür, daß die Körbchen sich Ihrem Körper besser anpassen.

Busen-Freunde

Nein, es genügt noch nicht, Ihre Größe zu wissen, denn BHs kommen in vielerlei Formen und Modellen auf den Markt. Hier sind die Begriffe, mit denen Sie in der Wäscheabteilung um sich werfen können, damit Sie genau den richtigen BH für Ihre Bedürfnisse bekommen.

◆ Gepolstert: Bei diesen Modellen sind die Körbchen innen gleichmäßig mit einer dünnen oder dicken Einlage versehen. Geeignet für: jede Frau, die ihren Brustumfang signifikant vergrößern will. Auch unter einem engen Oberteil zu empfehlen, wenn Sie sichergehen wollen, daß Ihre Brustwarzen nicht durchscheinen.

◆ Push-up: Wie der Wonderbra sind diese Modelle drahtverstärkt und mit einem Extrapolster versehen, das die Optik verstärkt. Probieren Sie einen solchen BH immer mit und ohne Extrapolster an. Geeignet für: ein üppigeres Dekolleté.

◆ Halbschalen: Im Unterschied zum ganzen Körbchen, das die gesamte Brust umschließt, bestehen diese drahtverstärkten BHs aus halben Körbchen, haben weit außen angesetzte Träger und schieben den Busen von außen nach innen. Geeignet für: Frauen mit Körbchengröße A oder B, die Probleme haben, ganze Körbchen auszufüllen.

◆ Bügel-BH: Jeder BH mit gebogener Verstärkung unterhalb der Brüste. Gibt guten Halt.

- ◆ Soft Cup: Jeder BH ohne Verstärkung. Diese Modelle müssen perfekt passen, sonst schlabbert der Stoff. Geeignet für: Frauen mit Körbchengröße A oder B, die keinen großen Halt wollen.

- ◆ Geformte Körbchen: Diese Modelle sind so gemacht, daß der Stoff von selbst seine Form hält, bei einem steifen Material bekommen Sie dadurch guten Halt und deutlicher konturierte Brüste. Geeignet für: Körbchengröße C und D.

- ◆ Nahtlos: Hier sind die Körbchen absolut glatt und haben außen am Cup keinerlei Nähte. Geeignet zum Tragen unter engen Tops.

- ◆ Vorne zu schließender BH: Büstenhalter, den man vorne zwischen den Brüsten schließt; gibt weniger Halt, denn ein Verschluß am Rücken ist variabler. Geeignet für: kleinere Brüste und Frauen, die eine natürliche Optik bevorzugen.

- ◆ Sport-BH: Die Träger laufen hier am Rücken wie bei einem Sportbadeanzug zusammen. Geeignet für: ärmellose Kleider mit weit ausgeschnittenen Schulterpartien.

- ◆ Trägerlos: Jeder BH ohne Träger. Es gibt auch verlängerte trägerlose BHs (Corsagen), die bis zur Taille hinunterreichen und bei größerem Brustumfang mehr Tragekomfort bieten. Geeignet für: jedes schulterfreie Oberteil oder Kleider mit Spaghetti-Trägern.

- ◆ BH für rückenfreie Oberteile: Die Träger sind hier stark verlängerbar; sie werden um die Taille gebunden und vorne geschlossen.

Die untere Hälfte

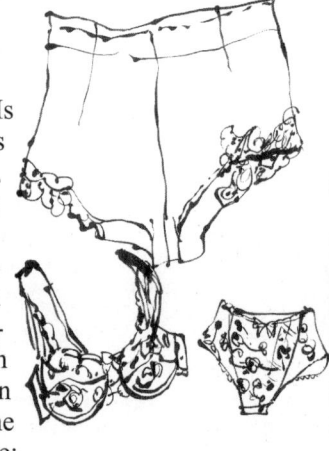

Obwohl das Finden eines passenden BHs eine viel exaktere Wissenschaft ist als das Auftreiben eines geeigneten Slips, macht auch das Bekleiden Ihrer unteren Hälfte so seine Probleme. Zunächst einmal muß eine Unterhose bequem sein – d. h., sie darf oben nicht kneifen und sich nicht von den Seiten her einrollen. Ich glaube jedoch, daß viele Frauen den Komfort sogar opfern würden, wenn dadurch garantiert der größtmögliche modische Fauxpas ausgeschlossen wäre:

156

eine sich abzeichnende Unterhose. Es vergeht kein Tag mit einer Kundin (oder sogar mehreren), die einen panischen Gesichtsausdruck bekommt, wenn sie etwas Neues angezogen und einen Blick auf ihre Rückseite geworfen hat. Die nächste Frage, die sie mir stellt, lautet unweigerlich: Was kann ich darunter tragen, damit sich nichts abmalt?

Also, ich denke, wir schulden den Stripperinnen einiges, da wir heute alle diese G-Strings tragen, in denen diese schon seit Jahren ihren Job machen. Im Ernst, der G-String ist die einzige Möglichkeit, wenn Sie etwas Superenges (wie Leggings) oder Figurbetontes (wie einen dünnen Jersey-Rock oder ein eng geschnittenes Seidenkleid) tragen wollen. Jeden Tag kommen Frauen zu mir und fragen: Ist so ein G-String denn bequem? Die einzige Antwort, die ich ihnen darauf geben kann lautet: Das müssen Sie entscheiden. Es gibt wohl kaum etwas, das stärker von persönlichen Vorlieben abhängig ist. Manche Frauen mögen sie. Manche hassen sie und kämpfen den ganzen Tag lang damit, wenn sie einen anhaben. Einige mögen nur ein dünnes Bändchen auf der Rückseite, andere haben es gern eine Spur breiter. Ich habe herausgefunden, daß einige Frauen offenbar weniger Probleme damit haben, wenn sie eine Strumpfhose darüber tragen, weil dann alles eher an seinem Platz bleibt. Oder vielleicht fühlen sie sich in ihrer Strumpfhose bereits so unwohl, daß sie den Unterschied kaum bemerken!

Wenn Sie jedoch nicht vorhaben, Kleider zu tragen, die einen G-String erfordern, sollten Sie einfach nach einem bequemen Slip suchen, der sich unter normalen Stoffen und Schnitten nicht abzeichnet oder ausbeult. Einer, der bis zur Taille hinaufreicht, erspart es Ihnen, sich mit zwei sichtbaren Linien abfinden zu müssen – einer am Bündchen der Strumpfhose und einer, ein paar Zentimeter tiefer, am Bündchen der Unterhose. Besonders glatt sehen Slips aus Materialien wie elastischer Spitze, feiner Baumwolle oder dünner Mikrofaser aus. Und so können Sie einen Slip beurteilen (vor allem, wenn Sie keine Möglichkeit haben, ihn anzuprobieren): Legen Sie ihn mit der Vorderseite nach oben flach auf einen Tisch. Wenn die Beinausschnitte flache Vs bilden, wird sich der Slip wahrscheinlich abzeichnen (und

157

sich wahrscheinlich auch hochschieben). Wenn die Nähte am Beinausschnitt jedoch rund verlaufen und sich leicht nach oben und innen wölben, werden sie sich leichter um Ihren Po schmiegen und wohl kaum Probleme verursachen.

Diejenigen, die sich morgens nicht mit zwei Teilen Unterwäsche befassen wollen, haben eine weitere Option: den Body – eine Mischung aus BH und Slip über die ganze Länge. Der große Vorteil daran ist, daß Sie sich die Linien sparen, die normalerweise Ihr BH und das Taillenband Ihrer Unterhose erzeugen würden. Wirklich gutsitzende Bodys sind jedoch auch nicht leicht zu finden. Wer von uns ist schon so perfekt proportioniert, daß Büste, Hüften und Taille exakt aufeinander abgestimmt sind? Und wenn Bodys nach der BH-Größe verkauft werden, müssen Sie einen anprobieren, der obenherum paßt, und hoffen, daß das auch für den Rest hinkommt. Das Sicherste ist deshalb, nach einem Body aus sehr dehnbarem Material zu suchen, so daß Sie im Bereich von Bauch und Hüften etwas mehr Spielraum haben. Aber egal, wie elastisch der Stoff ist – ab einer Größe von 1 Meter 75 werden Sie sich schrecklich schwer tun, einen Body zu finden, der für Ihren Torso lang genug geschnitten ist.

Die anderen BH- und/oder Slip-Alternativen sind weitgeschnittene French-Knickers und Mieder. Diese Unterhosen sind eher wie Shorts geschnitten und meist aus einem weich fließenden Material (eigentlich sollten sie nicht unbedingt als Unterhosenersatz, sondern zusätzlich getragen werden). Viele meiner Kundinnen kaufen sie, um sie unter kurzen Röcken anzuziehen. Und Mieder sind die perfekte Lösung für Frauen mit kleinerem Busen, die keinen BH tragen wollen; Sie können sie aber auch über Ihrem BH tragen. Ich benutze sie wie

Unterhemden, damit ich unter meinen Kleidern nicht friere. Sie sind außerdem die perfekte Lösung für einen kratzigen Pullover. Je nach Art des Mieders können Sie sogar ein bißchen davon aus Ihrer Bluse, Ihrer Strickjacke oder Ihrem Blazer hervorblitzen lassen.

Höschen-Briefing

Was Sie tragen, ist natürlich Ihre Sache, aber Sie sollten wissen, welche Slip-Optionen Sie haben.

- ◆ Kurzer Slip: Die »normale« Unterhose, die bis zur Taille hinaufreicht und an den Beinen relativ gerade geschnitten ist.
- ◆ French Cut: kurzer Slip mit sehr hohem Beinausschnitt.
- ◆ Tanga: Das Taillenband verläuft hier nahe der Hüfte.
- ◆ String-Tanga: Eine abgespeckte Version des Tangas; zwei Dreiecke (vorne und hinten), die mit einem schmalen, elastischen Band, das über die Hüften läuft, verbunden sind.
- ◆ G-String: Hier besteht die Rückseite des Slips nur noch aus einem Stoffstreifen.

Formen und retuschieren

Das Wort »Hüfthalter« klingt heute schon so altmodisch, daß ich bezweifle, daß viele junge Frauen überhaupt noch wissen, was das ist. In der guten alten Zeit war ein Hüfthalter absolut unentbehrlich – keine Frau wäre ohne auch nur einen Schritt außer Haus gegangen. Aber das Aufkommen der Strumpfhose hat alles verändert, so daß schließlich auch die konservativsten alten Damen sich von ihren schmerzenden alten Dingern trennten. Dem Unterrock war ein ähnliches Schicksal beschieden. Jedesmal, wenn noch jemand (meist eine ältere Dame) mit so etwas meine Umkleide betritt, bin ich schockiert. Wie unpraktisch sie ihn finden, merke ich, wenn sie sich beim Anprobieren abmühen. Und oft ziehen sie ihn mitten drin einfach aus. Manchmal befreien sie sich auch ganz davon, wenn sie feststellen, daß sie diese vielen Schichten unter ihren Kleidern nicht brauchen. Ich sehe dann, wie sie ihn zusammenrollen und in die Handtasche stecken oder einfach liegenlassen.

Doch irgendwie hat mitten in all diesen Befreiungen, nachdem die Frauen inzwischen ohne Hüfthalter, ohne Unterröcke, ohne BHs und manchmal sogar ohne Unterhosen herumlaufen, eine kleine Revolution in Gestalt der neuen High-Tech-Body-Shaper aus Lycra stattgefunden. Ich glaube, begonnen hat es mit dem Hipslip, einem kleinen halblangen Slip, der den Bauch abflacht, den Po formt und den Oberschenkeln eine schmalere Silhouette verleiht. Das hat Sinn, denn die Kleider werden immer figurbetonter und unsere alternden Körper können da selten Schritt halten. Aber ich sehe auch junge, dünne Frauen mit Größe 34, die diese Dinger kaufen, einfach weil sie einem diese besondere Ebenmäßigkeit unter einem hautengen Kleid verleihen. Die Modelle für alles in einem sind besonders praktisch, weil sie jegliche Dellen und Beulen eliminieren, die nicht unbedingt Ihr Körper, sondern auch die verschiedenen Lagen von Unterwäsche, Strümpfen usw. erzeugen.

Es gibt jedoch bei diesen Bodys auch ein Problem. Manchmal tut man sich mit dem Anziehen etwas schwer. Ich liebe das Gefühl von einem leichten Lycra-Body am Körper. Man fühlt sich einfach soviel dünner. Und ich würde diese Dinger wahrscheinlich öfter – vielleicht sogar täglich – tragen, wenn ich damit nicht schon ein paarmal auf der Damentoilette in Schwierigkeiten geraten wäre. Da stand ich in einem Abendkleid und konnte die beiden elastischen Enden nicht zusammenbringen, um sie unten zuzuknöpfen. Und wen kann man in so einer Situation schon um Hilfe bitten? Es geht ja schließlich nicht um einen klemmenden Reißverschluß.

Das Tolle an dieser körperformenden

Wäsche ist, daß Sie bestimmt genau das Richtige für Ihre Bedürfnisse finden werden. Eine Frau mit Größe 36, die regelmäßig trainiert, schlüpft in so ein Höschen, bevor sie einen engen Rock anzieht, um das kleine Bäuchlein zu kaschieren, das sie auch im Fitneß-Studio nicht los wird. Eine kräftigere Frau trägt dagegen etwas, um sich rundherum fester und schlanker zu fühlen. Da sich diese Idee mehr und mehr durchsetzt, beginnen die Hersteller, Wäsche für bestimmte Problemzonen zu entwickeln. Es gibt bereits Taillen-Slips mit eingebauter Kontrollzone für den Bauch, spezielle Unterhosen für einen wohlgeformten Po, halblange Höschen für dicke Oberschenkel und sogar schon ganz lange gegen unförmige Knie. Egal, wofür Sie sich entscheiden: Sie bekommen eine ebenmäßige, beulen- und faltenfreie Silhouette – selbst unter Ihren engsten Kleidern.

Selbstkontrolle

Ja, Bodys und formende Höschen sind wunderbar, aber selbst sie können keine Wunder vollbringen. Hier ein paar realistische Einschätzungen dazu, was Sie erwarten dürfen.

◆ Sie helfen Ihnen, in ein Kleid zu passen, das ein bißchen zu eng ist, aber sie bringen Sie nicht von Größe 40 auf 36.

◆ Sie können verhindern, daß Ihr Allerwertester schwabbelt, aber ohne Diät, Sport oder gar eine Schönheitsoperation bekommen Sie keinen »Hintern aus Stahl«.

◆ Sie ersetzen Sport oder Fitneß-Übungen nicht.

◆ Selbst der engste Taillenformer wird Ihnen nicht zum 60 cm-Idealmaß verhelfen. Aber das brauchen Sie ja auch nicht unbedingt.

◆ Die Nähte machen den Unterschied zwischen »Formen« und »Abflachen« aus. Zum Beispiel: Eine Radlerhose, deren Nähte mitten über Ihren Po laufen, gibt Ihnen von hinten ein rundliches Aussehen. Eine ohne oder mit seitlichen Nähten läßt Ihre Rückseite dagegen flacher erscheinen.

Kapitel 8

Kleider –
eine Gebrauchsanleitung

Räumen Sie Ihr Zimmer auf!

Sie hören diesen Satz seit Ihrer Kindheit, und seit genauso langer Zeit sind Sie wahrscheinlich über Ihren zu geringen Stauraum verzweifelt. Nur wenige von uns sind vom Schicksal so begünstigt, über genug Platz für alle ihre Kleider, Schuhe, Accessoires und jeden alten Plunder zu verfügen. Warum sonst gäbe es bei uns in Amerika schon ein ganzes Gewerbe von Kleiderschrank-»Organizern«? Falls Sie es sich leisten können, jemanden Professionellen kommen zu lassen, der Ihren Stauraum umbaut und neu verteilt, dürfen Sie dieses Kapitel getrost überspringen. Diejenigen, die das selbst in die Hand nehmen wollen oder müssen, sollten weiterlesen.

Den Kleiderschrank sauberzumachen ist zweifellos eine der verhaßtesten häuslichen Pflichten – schlimmer als große Wäsche und Badezimmer schrubben zusammen.

Wenn Sie jedoch wirklich ordentlicher werden und bleiben wollen, müssen Sie diesen Aufwand regelmäßig auf sich nehmen. Und wenn ich sage »Saubermachen«, meine ich das auch genauso. Etwa alle sechs Monate sollten Sie jedes einzelne Kleidungsstück aus Ihrem Schrank nehmen (sich vielleicht entschließen, das eine oder andere wegzugeben), die Regalböden feucht abwischen und den Schrankboden absaugen. Sie werden staunen, was Sie da alles finden – vor allem, wenn Ihr Schrank das letzte Mal bei Ihrem Einzug leer gewesen ist. Dann stoßen Sie wahrscheinlich nicht nur auf Staubmäuse, sondern auch auf einige Sachen, die Sie schon seit Jahren nicht mehr gesehen haben. Betrachten Sie sich genau, was Sie da alles ausräumen, und denken Sie daran, daß nicht jedes Stück unbedingt wieder in den Schrank hinein muß. So eine Aufräumaktion ist die beste Gelegenheit, durchzuschauen – und vielleicht auszusortieren –, was da in den Tiefen Ihres Kleiderschranks verborgen war. So viele übervolle Schränke sind in Wirklichkeit nur »Friedhöfe« für Fehlkäufe, von denen man sich nicht trennen mag. Ich wiederhole nochmal: Beißen Sie in den sauren Apfel und geben Sie weg, was Sie seit Jahren nicht getragen haben und vermutlich auch nie wieder tragen werden.

Jetzt wo Ihr Schrank blitzblank ist und Sie die Zahl der Stücke, die wieder hineinsollen, drastisch reduziert haben, ist es an der Zeit, Ihre »Kleiderordnung« zu überdenken, damit Sie den zur Verfügung stehenden Raum optimal nutzen. Ist Platz für eine zweite Kleiderstange, die Sie vielleicht höher oder tiefer als die bisherige hängen können? Ist über der Stange noch Platz für einen Regalboden? Für einfache Änderungen ist jetzt genau der richtige Zeitpunkt: Begeben Sie sich in einen Heimwerkermarkt und legen Sie selbst Hand an oder beauftragen Sie einen Möbel-

schreiner damit. Bei Ihrem nächsten Einkauf sollten Sie auch ein paar Sammelboxen kaufen, die klein genug sind, um auf dem Brett über der Kleiderstange Platz zu finden; sperrige Sachen lassen sich darin gut verstauen. In Katalogen und Kaufhäusern finden Sie Kästen, Kleiderhüllen und -säcke sowie Faltschränke in rauhen Mengen und unterschiedlichsten Preislagen.

Legen Sie alles beiseite, was jetzt nicht Saison hat. Im Frühling sortieren Sie beispielsweise dicke Pullover, Rollkragenpullis, Handschuhe, Schals und Mützen (zusammen mit ein paar Mottenkugeln) aus. Wenn es gerade auf den Herbst zugeht, räumen Sie Bademode, T-Shirts und Shorts weg. Verstauen Sie all das, was gerade nicht Saison hat, in Ihren neuen Schachteln. Beschriften Sie diese und stellen Sie sie auf das oberste Brett Ihres Kleiderschranks, wo sie aus dem Weg sind, bis Sie sie wieder brauchen und hervorholen.

Eine andere Methode, verfügbaren Platz klug zu nutzen, ist das richtige Zusammenlegen. Ich halte Falten für eine der großen verlorenen Fertigkeiten. Zum Üben nehmen Sie sich ein noch original verpacktes neues Männerhemd oder ein in der Wäscherei gefaltetes. Legen Sie ein anderes Hemd daneben und versuchen Sie, es genauso, an den gleichen Stellen und mit ordentlichen rechten Winkeln, zusammenzulegen. Das erfordert – ebenso wie das Üben eines Krawattenknotens – ein bißchen Geduld. Nach einigen Versuchen werden Sie den Dreh heraushaben und bemerken, daß sich exakt und einheitlich gefaltete T-Shirts, Blusen oder Pullover viel besser stapeln lassen und viel weniger Platz beanspruchen. Selbst wenn das Regalbrett hoch über der Kleiderstange angebracht ist und der Stauraum bis unter die Zimmerdecke reicht, sollten Sie ihn ausnutzen. Holen Sie sich eine Leiter, steigen Sie hinauf und stapeln Sie Ihre Boxen bis zur Decke hinauf. Wenn Sie in die Schachteln nur solche Sachen geben, die Sie ein paar Monate lang nicht brauchen, macht es ja nichts, sie schwer erreichbar zu lagern.

Außer den Schachteln sollten Sie noch ein paar andere platzsparende Investitionen tätigen. Es gibt Kleiderbügel, die dafür gemacht sind, ineinander gehängt zu werden. Sie sind ideal zum Aufhängen von Blusen, weil Sie damit sechs bis acht Stück untereinander hängen können, dafür aber nur den Platz eines einzigen Bügels benötigen. Ähnliche Konstruktionen gibt es auch für Hosen und Röcke. Und selbst auf die Gefahr hin, wie Joan Crawford in ›Meine liebe Rabenmutter‹ zu klingen, empfehle ich Ihnen: keine Drahtbügel. Sie schaden Ihren Sachen, Kleider bleiben darauf einfach nicht richtig in Form, außerdem machen sie die Schultern von Jacken und Stricksachen kaputt. Mehrfachbügel sind unverzichtbar, wenn Sie nur eine Stange in Ihrem Schrank haben. Sollte Platz für eine zweite sein, hängen Sie darauf kürzere Sachen wie Blusen und Röcke, während Kleider, Mäntel und Hosen auf der oberen Platz finden. Zur Aufbewahrung von Abendkleidern und anderen Sachen, die Sie nur sehr selten tragen, sind Kleidersäcke für den Schrank ideal. Sie können sie ganz nach hinten schieben, so daß sie außer Sichtweite sind und nur ein Minimum des kostbaren Platzes beanspruchen. Zugleich sind die Sachen darin gut aufgehoben.

Organisation macht 90 % aus

Der wichtigste Gedanke hinter all dieser Ordnung (die nebenbei Ihre Kleidung auch noch vor frühzeitigem Dahinscheiden bewahrt), ist, Ihnen jeden Morgen beim Anziehen zu helfen. Seien wir ehrlich: Wir neigen dazu, nur das zu tragen, was direkt vor unserer Nase hängt und beim Öffnen des Kleiderschranks leicht zu erreichen ist. Wenn Sie nach einem Kleidungsstück erst suchen müssen (oder es sich als verknittert erweist, wenn Sie es gefunden haben), werden Sie es wahrscheinlich niemals tragen. Indem Sie also alles, was gerade keine Saison hat, ordentlich wegräumen und die aktuellen Sachen nach vorne holen und leicht erreichbar in die Mitte hängen, werden Sie vermutlich auch mehr von Ihrer Garderobe nutzen. Und das Gute daran: Sobald Sie diese grundlegenden Änderungen einmal umgesetzt haben, ist es leicht, diese Ordnung aufrechtzuerhalten. Alles, was Sie dafür tun müssen, ist, sich die paar Sekunden Zeit zu nehmen, Ihre Sache wieder aufzuhängen und ordentlich zusammenzulegen, nachdem Sie sie getragen haben.

Jetzt ist alles wieder im Schrank und wunderbar verstaut – bis auf Ihre Schuhe. Die neigen dazu, in großen, chaotischen Haufen auf dem Schrankboden zu enden, Paare tendieren dazu, einander zu verlieren, und wenn der Schrank nur schmutzig genug ist, kommen sie schon verstaubt heraus – falls es Ihnen gelingen sollte, ein zusammengehöriges Paar auszugraben. Die einfachste, preiswerteste und vielleicht naheliegendste Methode, Ihre Schuhe sauber und ordentlich aufzubewahren, ist, sie in ihren Originalschachteln zu lassen (Sie können außen auf die Kartons jeweils ein Polaroid kleben, dann müssen Sie über den Inhalt nicht jedesmal neu rätseln). So bleiben die Schuhe verpackt und geschützt, und Sie können sie auf dem Boden oder im obersten Fach Ihres Schranks stapeln (dort sind auch Schuhe, die gerade keine Saison haben, gut aufgehoben). Nach dem gleichen Prinzip funktionieren Plastikschachteln, die Sie in Kaufhäusern bekommen. Das bedeutet zwar, daß Sie alle Schuhe aus ihren Originalschachteln herausnehmen und umpacken müssen, dafür sind diese Behältnisse aber durchsichtig, was Ihnen viel Sucherei am Morgen ersparen kann. Für den, der Schuhe am liebsten offen

vor sich ausgebreitet sieht, sind stapelbare Schuh-
regale die beste Lösung. Hier können Sie meist
nach Bedarf »anbauen«, wenn Ihre Schuhkollekti-
on wächst.

Wenn Sie es Ihren Schuhen wirklich schön
machen wollen, gibt es eine Vielzahl von
Hängekonstruktionen und »Schuhtüren«,
die man auf der Innenseite von Schranktüren oder an der Kleiderstange befestigt.
Damit bekommen Sie Ihre Schuhe ganz
vom Boden weg. Ich habe seit 35 Jahren
solche eingebauten Schuhtüren in meinem Kleiderschrank. Ein Schreiner fer-
tigt Ihnen so etwas an. Obwohl das
sicher die teuerste Variante ist, halte ich
sie für die beste. Diese Konstruktionen
bestehen praktisch aus einer Extratür in
Schuhbreite und werden an die Innenseite
der Schranktüren (z. B. auch in einen Garde-
robenschrank) montiert. Die Schuhe hängen
darin mit den Absätzen auf parallel verlaufenden
Holzstangen. Wenn Sie genügend Platz dafür haben,
können Sie sich eine dieser Schuhtaschen aus Stoff,
die einzelne Fächer für viele Paare bieten, an die Kleiderstange hängen. Das Wichtigste, was es hier zu
bedenken gilt, ist Ordnung und Erreichbarkeit. Überlegen Sie also, was Ihren Bedürfnissen am ehesten
entspricht, bevor Sie loslaufen und Ihren ganzen
Schrank umbauen, nur um ein paar Schuhe unter-
zubringen.

Jetzt kommt eine schwierigere Aufgabe: Was
macht man mit all den Sachen, die sich nicht aufhängen lassen? Ich meine die Berge von
Strumpfhosen, Socken, Gürteln, Taschen, Dessous, Schmuck, Schals und Tüchern. Gut, die
Gürtel und Taschen kann man mit ein paar
Haken oder Nägeln an die Schrankwand (oder an einen Gürtel-
bügel) hängen, aber für die restlichen Sachen müssen Sie wohl
oder übel Ihre Schubladen leeren und neu einräumen. Beginnen

wir mit den Strumpfhosen und Socken. Ich vermeide das drohende Chaos hier, indem ich jedes Paar aufrolle und in der Schublade aufreihe. So kann ich leicht alles überblicken und vor allem kommt, wenn ich nach einem Paar greife, auch nur eines heraus. Wenn Sie viele Tücher besitzen, ist das einfachste, sie ordentlich zusammenzulegen und senkrecht nebeneinander zu »stellen«; dabei können eine Schmuckschatulle oder ein paar aufgerollte Socken als Stützen fungieren. Wenn Sie Ihre Sachen so einräumen, wirkt das, als würden unsichtbare Wände die Schublade unterteilen und dafür sorgen, daß alles an seinem Platz bleibt.

Die Schublade für die Unterwäsche scheint ein weiterer Ort zu sein, wo jeder alles hineinstopft und dann das Beste hofft. Aber auch hier gilt: Das richtige Zusammenlegen ist der Schlüssel zur Ordnung. Eigentlich sollte es Kurse dafür geben, denn es ist wie Origami. Falten Sie Ihre Höschen dreimal und stapeln Sie sie nach Schnitt und Farben. So wissen Sie, selbst wenn Ihre Vorräte zur Neige gehen, ohne große Sucherei, ob Sie noch einen sauberen schwarzen G-String oder einen hochgeschnittenen hautfarbenen Slip haben. Das gleiche machen Sie mit den BHs. Wenn Platz dafür ist, stapeln Sie auch Ihre Nachtwäsche gefaltet in derselben Schublade. In einer dieser Laden, bei den Socken oder der Unterwäsche, möchten Sie vielleicht etwas Platz für Ihren Schmuck lassen. Ich bewahre echten Schmuck gerne in den Originalschachteln auf, weil er dort geschützt ist und nicht so leicht zwischen dem Modeschmuck verlorengeht. Mit einem Schmuckkasten oder einer ähnlichen Unterteilung gelingt es Ihnen, auch den Modeschmuck in eine gewisse Ordnung zu bringen, die zumindest so weit reicht, daß Sie finden, was Sie suchen, bevor Sie eilig aus dem Haus müssen. Ich kenne eine Frau, die sich einen Stoffstreifen aufgehängt und daran all ihre Ohrringe befestigt hat – das ist schon eine richtige Schmuck-Skulptur.

Und weil es, egal wie ordentlich Sie sind, immer diese seltsam geformten Sachen gibt, die nirgendwo hineinzupassen scheinen, sind Körbe und andere dekorative Behältnisse wahre Geschenke. Von Zeitschriften über Schmutzwäsche bis hin zu Sportsachen – hier können Sie einfach alles verstauen, was sonst nirgends einen Platz findet. Ich weiß nicht, ob diese Korbmode auf irgendeiner fernen Insel oder in einem Internat erfunden wurde, aber sie ist sehr wertvoll bei der Lösung von Ordnungsproblemen. Der einzige Platz, der mir zur Aufbewahrung absolut widerstrebt, ist unter dem Bett. Eher würde ich Kleidung, die gerade nicht Saison hat, außer Haus lagern, als sie unter meine Matratze zu stopfen. Die Vorstellung »aus den Augen, aus dem Sinn« läßt mich fürchten, daß man das, was man dort unten parkt, nie wieder findet.

Weg, weg, böser Fleck

(Fast) jeder haßt Waschen wie die Pest. Oft werden, weil man die gefürchtete Hausarbeit so schnell wie möglich hinter sich bringen will, empfindliche Kleidungsstücke ruiniert, Flecken bleiben unbehandelt und helle und dunkle Sachen werden rücksichtslos zusammengeworfen. Ich möchte Ihnen jetzt keinen ganzen Kurs in Kleiderpflege geben, aber ich will Ihnen einige Geheimnisse verraten, die ich im Laufe der Jahre in Bezug auf Fleckentfernung und Handwäsche gelernt habe. Ganz egal, wie viele Tips ich Ihnen gebe, ich habe doch Skrupel, Ihnen zu empfehlen, selbst Hand anzulegen. Ich weiß, daß die meisten Leute so ungeschickt sind, wenn es ans Reinigen geht, daß die Sache schon in dem Moment verloren ist, in dem sie damit beginnen. Ich habe schon Kundinnen mit einem schlimmen Fleck in Stecknadelkopfgröße hereinkommen sehen. Der Wasserfleck außen um den eigentlichen Fleck herum war so groß wie ein Fünfmarkstück und zeugte von ihrem Versuch, den ursprünglichen Fleck zu entfernen. Mit anderen Worten, wenn Sie Ihren Fähigkeiten nicht absolut vertrauen, marschieren Sie mit dem Corpus delicti schnurstracks in die Reinigung und überlassen Sie alles weitere den Profis. Ich bin ziemlich gut in diesen Dingen, aber auch ich habe schon Wasserflecken gemacht. Und sobald diese Flecken einmal drin sind, kommt jede Rettung zu spät.

Nachdem Sie nun also gewarnt sind, können Sie versuchen, einen Fleck sofort zu entfernen, wenn Sie dabei sehr vorsichtig vorgehen. Nehmen Sie ein altes Frottee- oder Geschirrtuch und schneiden Sie es in kleine Stücke. Legen Sie eines dieser Stücke auf die Unterseite des Stoffs mit dem Fleck, dann geben Sie einen Tropfen (wenn Sie zuviel nehmen, haben Sie viel Schaum, aber nicht mehr Erfolg) eines flüssigen Geschirrspülmittels auf ein weiteres Stoffstückchen und reiben damit vorsichtig über den Fleck. Seien Sie *sehr* behutsam. Rubbeln Sie nicht wie verrückt herum. Wenn der Fleck sich entfernen läßt, wird er fast sofort heller. Spülen Sie die Stelle, die Sie bearbeitet haben, mit kaltem Wasser aus und tupfen, tupfen, tupfen Sie sie trocken, damit kein Wasserfleck entsteht. Falls Sie Sachen mit Flecken doch lieber gleich in die Reinigung bringen, denken Sie daran, auf den Fleck hinzuweisen, und sagen Sie auch, aus was er besteht. Ansonsten ist die Wahrscheinlichkeit nämlich groß, daß Sie das Kleidungsstück im selben fleckigen Zustand zurückbekommen. Dann müssen Sie für einen Fleck zweimal bezahlen.

Eine simple Form der Fleckentfernung, die niemanden vor Probleme stellt, ist das Abschrubben des verhaßten Kragenschmutzes von weißen Hemden und Blusen. Ich trage am Hals kein Make-up, aber bei weißen Sachen hinterläßt schon das hauteigene Fett unschöne Spuren an Kragen und Manschetten. Wenn ich eine weiße Bluse abends ausziehe, nehme ich deshalb einfach die Nagelbürste und etwas flüssiges Waschmittel oder Neutralseife und schrubbe los. Das dauert zwei Minuten, außerdem muß man es nicht nach jedem Tragen machen. Wenn Sie es jedoch nie tun, bilden sich ziemliche Rückstände. Und das ist wirklich die einzige Reinigungsmöglichkeit, denn weder die Waschmaschine noch die chemische Reinigung werden damit fertig.

Wenn Sie sich die Etiketten in den meisten Pullovern ansehen, werden Sie immer wieder auf den Hinweis »Nur chemisch reinigen« stoßen. Ich weiß, daß die Reinigungen das nicht gerne hören, aber Ihre Pullis werden sauberer und halten länger, wenn Sie sie statt dessen mit der Hand waschen. Das Wichtigste ist, eine kleine Dosis eines Wollwaschmittels oder Babyshampoos in kaltem Wasser zu lösen. Wenn Sie zuviel Seife nehmen, bekommen Sie Schaumberge und müssen stundenlang spülen, um alles wieder aus der Wolle herauszuwaschen. Lassen Sie die Pullover im Waschbecken einweichen, bis sie durch und durch naß sind, und spülen Sie sie danach zwei- bis dreimal aus. Um das Wasser wieder herauszubekommen, wickeln Sie jeden Pulli in ein großes Handtuch und drücken ihn vorsichtig aus. Wringen Sie ihn *nicht*, weil das die Form ruiniert und schwer zu entfernende Falten erzeugt. Wickeln Sie die Pullover danach aus und breiten Sie sie flach auf trockenen Handtüchern aus, jetzt können Sie sie glattstreichen und in die ursprüngliche Form ziehen. Drehen Sie die Pullis beim Trocknen von Zeit zu Zeit um und ziehen Sie sie jedesmal wieder in Form. Die trockenen Sachen schütteln Sie einmal kräftig aus, und wenn Sie perfekt sein wollen, bügeln Sie sie mit einem kühlen Eisen. Ein so gewaschener Pullover wird wieder flauschig sein, und er wird sich sauberer anfühlen und besser riechen als einer, den Sie aus der Plastikhülle der Reinigung holen. Ich versichere Ihnen, daß das eine sichere Methode zum Waschen all Ihrer Pullover aus Baumwolle, Wolle, Seide, Angora, Kaschmir oder was auch immer ist. Die Sachen fühlen sich so einfach besser an und halten auch länger.

Ich habe vor kurzem einen hübschen Trick gelernt, der nicht direkt mit Reinigung, sondern mit Pflege zu tun hat. Heutzutage werden so viele Kleidungsstücke aus diesem wunderbar elastischen und anschmiegsamen Jersey gemacht. Das Problem ist, daß die Sachen nach ein paarmal Tragen beginnen, an Knien, Ellbogen usw. auszubeulen. Nehmen Sie dann einfach das ausgeleierte Stück und werfen Sie es in den Wäschetrockner (ohne es vorher gewaschen zu haben, denn dieses Material kann man nur chemisch reinigen). Stellen Sie den Trockner auf Schongang und lassen Sie ihn ein paar Minuten lang rotieren. Wenn Sie das Kleidungsstück herausnehmen, sind alle ausgeleierten Stellen wieder in Form.

Lassen Sie uns bei all der Kleiderpflege die Schuhe nicht vergessen. Ich bin immer wieder erstaunt, wie viele Frauen – die oft eine Menge Geld für ihre Schuhe ausgegeben haben – in abgestoßenen, ausgelatschten, ungeputzten Schuhen herumlaufen. Dabei ist das Selberputzen wirklich keine so große Sache und verlängert das Leben Ihrer Schuhe beträchtlich. Alles, was Sie brauchen, sind Schuhcreme, ein Lappen und eine Bürste. Unterziehen Sie doch mal abends beim Fernsehen all Ihre Schuhe einer pflegenden Reinigung. Vergessen Sie bei der Gelegenheit Ihre Ledertaschen nicht: Leeren Sie diese vollständig aus (tasten Sie sie von innen ab, um auch die Sachen heraufzutauchen, die Sie dort längst nicht mehr vermutet hätten), und polieren Sie sie mit ganz wenig Schuhcreme oder Lederfett. Das läßt Ihre Taschen sofort besser aussehen und hält auch das Leder länger geschmeidig.

Wildlederschuhe – die ich zugegebenermaßen für einen der letzten Luxusartikel halte – sind leider empfindlicher als solche aus glattem Leder, und es gibt keine geheimen Tricks, um sie aufzufrischen. Ich bürste meine Wildlederschuhe jeden Morgen, bevor ich hineinschlüpfe, mit einer Wildlederbürste aus Draht oder Gummi (die Sie bei jedem Schuhmacher oder im Schuhgeschäft bekommen) gegen den Strich. Das entfernt nicht nur eine Menge Dreck, sondern hilft auch, die satten Farben wieder zu intensivieren. Es gibt eine Reihe von Reinigungs- und Imprägniersprays, aber grundsätzlich ist Wildleder eigentlich zu empfindlich, als daß es je wirklich wasserdicht werden könnte. Wildlederschuhe sind einfach nicht dafür gemacht, immer wieder durchnäßt zu werden. Den größten Gefallen erweisen Sie solchen Schuhen also, wenn Sie sie so trocken wie möglich halten. Wenn Sie in Wildleder- oder anderen Schuhen richtig naß werden, sollten Sie sie nicht einfach nur in ihre Schachtel im Schrank stecken. Sie würden niemals richtig trocknen, und wer weiß, was aus ihrer Form würde. Nehmen Sie statt dessen lieber einige Lagen Küchenrolle oder Zeitungspapier und stopfen Sie die Schuhe damit aus. Das wird einen Großteil der Feuchtigkeit aufsaugen und den Schuhen helfen, in Form zu bleiben, während sie völlig austrocknen.

Ich bin mit Lackleder aufgewachsen. Heute hat es seinen Weg zurück in die Mode gefunden, und ich erkläre meinen Kundinnen oft, wie sie ihre neuen glänzenden Schuhe und Handtaschen aus Lack am besten reinigen und pflegen. Erstaunte Blicke ernte ich jedesmal, wenn ich erzähle, daß eine Scheibe Weißbrot (ja, dieses besonders weiche, labbrige Sandwichbrot) sich wunderbar zum Polieren eignet. Bei weißem Lackleder oder anderen hellen Farben können Sie schwarzen Strichen mit ein wenig Nagellackentferner zu Leibe rücken und anschließend den ganzen Schuh mit einem Stück milder Seife und einem Waschlappen säubern.

Abgesehen von der regelmäßigen Reinigung, die Sie selbst übernehmen, sollten Sie Ihre Schuhe – je nachdem, wie häufig Sie sie tragen – etwa einmal jährlich zum Schuster bringen, um sie aufmöbeln zu lassen. Neue Sohlen und Absätze sind zwar nicht ganz billig, aber wenn das Obermaterial noch gut in Schuß ist, werden Sie nachher ein Paar Schuhe haben, das so gut wie neu ist.

Beim Großreinemachen sollten Sie Ihren Schmuck nicht vergessen – auch der wird schmutzig. Schmuck aus Sterlingsilber muß relativ häufig gereinigt werden, weil das Fett Ihrer Haut und die Oxidation es mit der Zeit schwarz werden lassen. Sie können zum Putzen dieselbe Paste oder Flüssigkeit verwenden, mit der Sie Ihr Tafelsilber behandeln. Erwärmen Sie den Schmuck in heißem Wasser, putzen Sie ihn dann und spülen Sie ihn anschließend mit kaltem Wasser gründlich ab. Zur Pflege von Silberschnallen an Ledergürteln oder ähnlichen Dingen, die Sie nicht in Wasser tauchen wollen, benutzen Sie einfach ein Silberputztuch, das es in jedem Haushaltswarengeschäft gibt. Goldschmuck verfärbt sich nicht so leicht, aber er wird erstaunlich hell und strahlend, wenn Sie ihn gelegentlich reinigen und mit einem alten, weichen Waschlappen trockenreiben. Und wenn Sie schon dabei sind – vergessen Sie nicht, Ihre Perlen etwa einmal jährlich beim Juwelier neu knüpfen zu lassen. Ihre Kette wird danach besser aussehen, und diese Investition verhindert, daß sie reißt.

Packen Sie's ein

Reisen war früher eine schrecklich vornehme Angelegenheit. Ich erinnere mich, daß man, als ich noch ein kleines Mädchen war, niemals einen Zug, ein Flugzeug oder auch nur einen Bus ohne Handschuhe bestiegen hätte. Außerdem trug man immer spezielle Reisekleidung. Und erst das Gepäck! Wir besaßen kleine Handkoffer mit Kleiderbügeln drin und riesige hartschalige Schrankkoffer, und alles war schrecklich schwer. Aber damals konnte man auch sicher sein, daß man von einem Kofferträger empfangen wurde, der das ganze Gepäck zu einem Auto schleppte. Heute ist man dagegen wirklich auf sich gestellt. Meistens erwischt man nicht einmal einen Gepäckwagen, um seine Sachen am Flughafen transportieren zu können. Kein Wunder, daß fast jeder inzwischen so einen kleinen Koffer mit Rollen besitzt. Oder man wirft sich einen Matchsack über die Schulter.

Egal, welche Tasche Sie sich aussuchen, mit Sicherheit wird Sie sie auf viele Reisen und vermutlich über einige Jahre hinweg begleiten; achten Sie deshalb darauf, etwas zu kaufen, das Ihren Reisegewohnheiten entspricht. Ihr Reisegepäck sollte zu Ihrer Persönlichkeit, Ihrer Art zu packen und zu reisen passen. All diese Dinge sollten Sie im Hinterkopf haben, wenn Sie einen Koffer kaufen gehen. Hassen Sie es, Ihr Gepäck einchecken zu lassen? Dann nehmen Sie am besten ein Gepäckstück, das so kompakt ist, daß es noch als Handgepäck durchgeht. Rollen Sie Ihre Kleider lieber zusammen statt sie zu falten? Dann wäre ein Matchsack oder eine Reisetasche für Sie besser als ein traditioneller Koffer. Sind Sie in der Lage, sich eine schwere Tasche über die Schulter zu werfen? Wenn nicht, suchen Sie sich etwas aus dem riesigen Angebot der Koffer und Taschen mit Rollen aus. Die neuesten Modelle lassen sich schieben oder ziehen, ohne daß Ihnen das Kreuz durchbricht.

Aber egal, wo hinein Sie packen – die wichtigste Grundregel lautet: Weniger ist mehr. Ich muß zugeben, daß ich selbst immer gegen den Drang ankämpfen muß, viel zuviel einzupacken. Ich denke immer, daß es dort, wo ich hinkomme, keinen Laden geben wird, um ein neues Paar Strumpfhosen oder was immer ich brauche zu kaufen. Aber je weniger beladen Sie sind, desto mehr können Sie Ihre Reise genießen. Der Trick besteht darin, Ihre Optionen zu minimieren und alles sehr genau im voraus zu überdenken. Bei mir wird das Bett zum Tisch, wenn ich packe. Dort lege ich alle Sachen vor mir aus, und dann nehme ich Sachen weg und lege andere dazu, bis ich mit meiner Wahl zufrieden bin. Ich würde niemals Sachen direkt aus dem Schrank in meine Tasche packen. Sie müssen sie wirklich ausbreiten, die Tage zählen, die Sie fort sein werden, und dann entsprechend planen.

Stellen Sie die Sachen auf dem Bett zu kompletten Outfits zusammen. Beginnen Sie mit zwei Outfits als Basis und bauen Sie dann Alternativen um sie herum. Ein schlichter Hosenanzug und ein einfaches Jerseykleid sind die ideale Grundlage für fast jedes Klima. Die rüsten Sie dann mit einigen Alternativen auf – einer Bluse oder zwei, einem Twinset, einer Corsage für den Abend, ein paar T-Shirts, einem Body und einem legeren Rock oder einer Hose, die Sie zur Jacke des Hosenanzugs tragen können. So haben Sie Outfits für tagsüber und abends, mit denen Sie mehrere Tage bestreiten können. Wenn Sie dann auf Reisen das Gefühl haben, immer in denselben Sachen herumzulaufen, tauschen Sie einfach eine der »Zutaten« aus – gegen ein neues T-Shirt oder einen frischen Pulli.

Männer sind im Kofferpacken meist besser als Frauen, weil sie nichts »nur für alle Fälle« mitnehmen. Sie wissen schon, was ich meine, weil Sie wahrscheinlich genau das tun. Den dicken Pullover oder Mantel »nur für den Fall«, daß es kühl wird. Oder das sexy Kleid, »nur für den Fall«, daß Sie schick essen gehen. Sie müssen sich bemühen, der Versuchung von »nur für alle Fälle« zu widerstehen. Der Trick, leicht zu packen, besteht nämlich darin, nur Sachen mitzunehmen, die zusammenpassen. Alle Teile sollten Ton in Ton sein. Das ist vielleicht nicht die aufregendste Art, sich zu kleiden, aber Sie werden sich wenigstens nicht zu Tode schleppen. Und außerdem, wer sieht Sie denn schon, wenn Sie im Urlaub sind? Wird irgend jemand bemerken, daß Sie nicht jeden Abend ein vollkommen neues Ensemble zum Essen tragen? Wahrscheinlich nicht. Etwas anderes ist es, wenn Sie sich in ein Nobelhotel oder auf ein Kreuzfahrtschiff begeben, wo man sich jeden Abend in Schale wirft und immer wieder dieselben Leute trifft. In so einem Fall müssen Sie tatsächlich mehr mitnehmen, da führt kein Weg dran vorbei. Aber Sie können sich selbst dann an die Grundregel halten, Sachen einzupacken, die sich miteinander kombinieren lassen und alle einem Farbton zuzuordnen sind. Sie sollten wirklich nichts mitnehmen, das sich nicht mit irgendeinem anderen Stück kombinieren läßt.

Schauen Sie sich die Sachen auf Ihrem Bett an, bevor Sie sie in den Koffer packen. Ist ein Fremdkörper darunter, der von allen anderen absticht? Dann sollten Sie dieses Kleidungsstück in den Schrank zurückhängen und es durch etwas Schlichteres ersetzen, von dem Sie wissen, daß Sie es auf Ihrer Reise mehr als einmal tragen können.

Jetzt, wo Sie wissen, was Sie einpacken wollen, geht es nur noch um das Wie. Ich halte es für den besten Tip, alles in Plastik zu wickeln. Ich beobachte oft meine Tochter – eine Expertin in

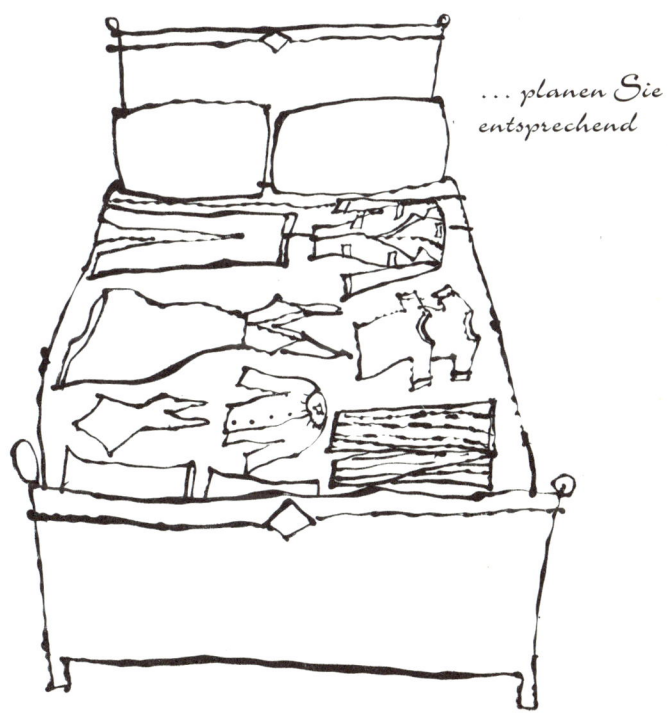

... planen Sie entsprechend

Sachen Kofferpacken –, die alle ihre Sachen auf Bügeln und in Plastik gehüllt aus dem Koffer nehmen kann, weil sie gerade frisch aus der Reinigung kommen. Ich glaube manchmal, daß sie absichtlich vorher alles in die Reinigung gibt, damit es in Plastik gehüllt fertig zum Einpacken ist. Also, ich selbst verlasse mich nicht auf die Reinigung; ich packe meine Sachen selbst in Plastik ein. Ich bringe mir die Plastikhüllen aus dem Laden mit (und ich kann Ihnen gar nicht sagen, wie viele Rollen davon ich schon an meine Kundinnen, die viel reisen, verschickt habe). Heben Sie sich doch einfach die Hüllen auf, die Sie bekommen, wenn Sie etwas aus der Reinigung holen. Am besten verstauen Sie sie in einem leeren Koffer, dann haben Sie sie bei Bedarf parat.

Ich beginne damit, daß ich zwei Drahtbügel zusammenbinde. Ich hasse Drahtbügel zwar prinzipiell, aber wenn Sie zwei zusammennehmen, ist das fast so stabil und dick wie ein normaler Holzbügel, nimmt aber in Ihrem Gepäck weniger Platz ein. Wenn Sie besonders gewissenhaft sein wollen, wickeln Sie ein paar Lagen Küchenpapier um die Bügel, so daß nichts, was Sie daraufhängen, Falten bekommt. Dann nehmen Sie die beiden Bügel und hängen die Kleider darüber, als würden Sie eine Schaufensterpuppe anziehen. Ich beginne mit den Hosen, biege dann die Enden der Bügel auf und hänge meine Röcke daran (mit den kleinen Schlaufen, die innen im Bund befestigt sind). Dann ziehe ich die T-Shirts über den Bügel; danach kommen die Blusen und als letzte Schicht ein Blazer. Wenn Sie soviel wie möglich auf einen Bügel gepackt haben, ohne daß er sich verbiegt, ziehen Sie eine Plastikhülle über das Ganze. Das ist ein Schutz für die Kleider und das einzige, was Falten wirklich verhindert.

Sobald Sie alles auf dem Bügel und unter Plastik haben, falten Sie es einfach einmal in der Mitte und legen es in Ihren Koffer; sollten Sie einen Kleidersack benutzen, hängen Sie den Bügel einfach hinein. Ich bin schon mit drei Bügelgarnituren drei Wochen lang verreist. Es ist eine phantastische Art zu packen.

Plastik hält auch Ihre gefalteten Sachen besser in Form. Ich teile meine Reisetasche immer folgendermaßen ein: Blusen und Pullover an einem Ende, T-Shirts und eventuell Shorts am anderen. Den Platz dazwischen fülle ich mit Unterwäsche, Strumpfhosen und Nachtwäsche auf. Ich weiß, daß das etwas exaltiert klingt, aber ich packe all diese Sachen in separate Plastikbeutel – und zwar solche, die man sonst für Gemüse verwendet. Statt grünen Bohnen und Maiskolben packe ich Socken und Dessous hinein!

Jeder haßt das Auspacken, wenn er irgendwo ankommt – ich weigere mich aber strikt, aus dem Koffer zu leben. Ich habe mir deshalb folgende Methode ausgedacht. Ich öffne einfach die Schubladen und werfe zack, zack meine Gemüsebeutel hinein. Kein Herumsuchen nach dem verlorengegangenen Paar Strümpfe oder dem schwarzen BH, weil alles schon in den jeweiligen Plastikbeuteln steckt. Ich bin zudem überzeugt davon, daß Sie so mehr in Ihren Koffer hineinbekommen.

Apropos Platz: Wenn Sie genug davon haben – und vielleicht noch planen, unterwegs ein bißchen einzukaufen – empfehle ich Ihnen sehr, eine leere, faltbare Tasche in Ihren Koffer zu packen. Ich habe so eine Tasche, die man winzig klein zusammenfalten kann, immer dabei. Darin habe ich schon Keramik mit nach Hause gebracht. Ich wickelte sie einfach in ein paar dicke, flauschige Pullover wie in Verpackungsfolie, so daß alles gut gepolstert war. Und es ist noch nie etwas kaputtgegangen. Der Trick besteht darin, jeden Winkel auszunutzen. Ich verschenke keinen Platz, wenn ich packe. Die Sachen fliegen dann beim Transport nicht herum und natürlich bringen Sie so in einer Reisetasche auch viel mehr unter, als wenn Sie nur in kleinen Stapeln packen.

Ich habe eine Vorliebe dafür, Sachen ineinander zu packen. Nehmen wir zum Beispiel eine Handtasche: Ich würde niemals eine leere Handtasche einpacken, weil sie ihre Form verlieren würde. Wenn Sie eine weiche, gesteppte Chanel-Tasche leer in Ihren Koffer packen, kommt sie als eingedelltes, konkaves Etwas wieder aus. Und Sie können gar nicht genug Papier hineinstopfen, um das zu verhindern. Ich mache es deshalb immer so: Den Boden lege ich mit ein paar Blatt Seidenpapier aus und fülle sie dann mit Modeschmuck – großen Plastikohrringen und dicken Ketten – auf. Dasselbe mache ich mit meinen Schuhen.

Ich stopfe die Spitzen mit Strumpfhosen aus oder sogar mit ein paar Ohrringen. Probieren Sie das doch mal! Sie werden erstaunt sein, wieviel mehr Sie plötzlich im selben Koffer unterbringen.

Vor Jahren hüllten sorgfältige Packer alles in Seidenpapier und stopften die Sachen damit aus, so daß man kaum die Kleider in all den Papierbergen fand. Als ich auf Hochzeitsreise ging – das ist allerdings wirklich schon eine Weile her –, kam tatsächlich eine Frau zu mir in die Wohnung und packte all meine Kleider in mannshohe Schrankkoffer. Damals nahm man aber auch alles mit, inklusive verschiedener Abendkleider. Sie stopfte

jedes Outfit randvoll mit Papier aus. Als wir auf Hawaii anka-
men, hatte ich es mit Tonnen von Seidenpapier zu tun. Ich
schwöre, daß es genug war, um das Zimmer damit auszufüllen.
Aber was sollte ich damit anfangen? Ganz sicher würden meine
Sachen die Heimreise nicht im gleichen Zustand antreten!

Wenn Sie mit einem Kleidersack reisen, kann ich Ihnen noch
einen anderen tollen Trick empfehlen, den ich im Laden gelernt
habe. So verschicken wir Kleider, wenn wir eine ganze Garderobe für einen Kino- oder Fernsehfilm zusammenstellen. Meist
gibt es da tonnenweise Einzelteile, aber unsere Kunden möchten
nicht gerne mit Dutzenden von Tüten beliefert werden. Deshalb
haben wir eine Methode entwickelt, mit der wir dieselbe Anzahl
von Outfits in wenigen Kleidersäcken unterbringen. Gehen Sie
in ein Haushaltswarengeschäft und kaufen Sie sich einen Vorrat
an billigen Plastikbügeln (die oben, direkt unter dem Haken ein
Loch haben). Jetzt hängen Sie all Ihre Sachen auf wenige Kleiderbügel und hängen diese wiederum ineinander. Beginnen Sie
mit dem längsten Kleidungsstück (zum Beispiel einem Mantel)
auf dem ersten Bügel und arbeiten Sie sich bis zum kürzesten
Stück (einer Bluse oder einem Minirock) vor. Sie können Bügel
ineinanderhaken, bis Sie die ganze Länge des Kleidersacks aus-
gefüllt haben – die Konstruktion ist jedoch nur einen Bügel
»dick« und läßt sich deshalb nach wie vor leicht in der Mitte falten und tragen. Sie können sogar noch ein paar Schuhe am Fuß
des Kleidersacks unterbringen und ihn so in Form halten. Als ich
sagte, ich würde jeden Zentimeter Platz ausnutzen, habe ich das
also absolut ernst gemeint.

Sie wissen, was man von perfekt ausgeklügelten Plänen sagt,
ja, leider gilt dasselbe auch für perfekt gepackte Koffer und
Taschen. Was ich damit sagen will? Trotz all dem Plastik und
Seidenpapier, den Bügeln und dem sorgfältigen Packen, haben
Sie es wahrscheinlich mit ein paar Knitterfalten zu tun, wenn Sie
am Ziel Ihrer Reise angelangt sind. Mein Rat lautet: Schnappen
Sie sich alles, was ein bißchen zerknittert aussieht, und ab damit
ins Badezimmer. Hängen Sie die Sachen dort auf, drehen Sie
dann die Dusche so heiß wie möglich auf und beten Sie. Einer-
seits sollten Sie beten, daß das Wasser heiß genug ist, anderer-
seits, daß Sie das Bad nicht überschwemmen (ich bin schon aus
einigen Hotels beinah hinausgeflogen, weil ich diesen Trick in

Bädern mit kaputten Abflüssen angewandt habe). Von Zeit zu Zeit sollten Sie hineingehen, die Kleider ein bißchen schütteln und umdrehen, um zu sehen, ob sich die Falten aushängen. Diese Methode funktioniert bei den meisten Stoffen, erwarten Sie aber trotzdem keine Wunder bei schwerer Baumwolle oder Leinen. Das ist auch etwas, was Sie bedenken sollten, bevor Sie einpacken: Versuchen Sie, sich für Stoffe zu entscheiden, die nicht so leicht knittern oder sich wenigstens wieder aushängen. Seide ist gut geeignet; dehnbares Nylon, Samt und leichter Wollcrêpe erholen sich in einem dampfenden Bad rasch.

Ich bin immer überrascht, wenn Pullover knittern; irgendwie traue ich ihnen das gar nicht zu, sie tun es aber trotzdem. Manchmal ziehe ich einen Pullover aus dem Koffer und er sieht aus wie mein Gesicht am Morgen! Wenn man Stricksachen einzeln in Plastikbeutel steckt, läßt sich das verhindern, aber Sie können sie auch aufhängen, um sie wieder in Form zu bringen. Im allgemeinen bin ich dagegen, Pullover aufzuhängen, weil sich das an den Schultern und der gesamten Form verheerend rächt. Aber wenn Sie etwas aus Wolle in den Dampf hängen, sollten die Falten schon verschwunden sein, bevor der Bügel Gelegenheit dazu hatte, sich in die Schultern zu bohren. Falls Sie noch ein Plätzchen in Ihrem Koffer frei haben, empfehle

ich Ihnen sehr, eine Dampfbürste einzupacken. Diese Apparate sind wunderbar und beseitigen die meisten Falten in nur fünf Minuten. Ich wette, daß meine Bürste schon über dreißig Jahre alt ist, aber sie funktioniert immer noch tadellos. Und was das Beste ist: Wenn Sie eine Dampfbürste benutzen, brauchen Sie keine Angst haben, das Badezimmer zu überschwemmen!

Kapitel 9

Den Laden
im Sturm erobern

Echte Hilfe ist schwer zu finden

Manchmal denke ich, meine Kundinnen fürchten sich genauso davor, zu mir zu kommen, wie vor einem Arztbesuch. Okay, beide Male müssen Sie sich fast vollständig ausziehen, aber ich hoffe, daß ich längst nicht so furchteinflößend bin wie ein Arzt. Ich sehe die Ähnlichkeit eher darin, daß Sie so, wie Sie einen Arzt finden müssen, dem Sie vertrauen und bei dem Sie sich in guten Händen fühlen, jemand in Ihrem Lieblingsgeschäft brauchen, bei dem Sie das gleiche empfinden. Das kann eine persönliche Einkaufsberaterin sein, eine Verkäuferin, die Besitzerin des Ladens (z. B. wenn es sich um eine kleine Boutique handelt). Entscheidend ist, daß Sie eine Beziehung zu einer erfahrenen, hilfsbereiten und sympathischen Person entwickeln, die Ihnen hilft, einige Unannehmlichkeiten zu umgehen, die unvermeidlich sind, wenn Sie im Alleingang einkaufen. Ich meine damit nicht, daß dieser Mensch eine Art Guru für Sie werden sollte – die Art und Weise, mit der einige meiner eher unsicheren Kundinnen auf mich fixiert sind, bevor sie auch nur den kleinsten Schritt wagen, ist eher beunruhigend. Aber jemanden zu finden und eine persönliche Beziehung zu entwickeln, wird Ihnen das Leben ein kleines bißchen leichter machen.

Das erste Mal traf ich Betty, als ich bei Bergdorf Goodman ein wunderschönes schwarzes Spitzenkleid anprobierte. Sie ging vorbei und fing eine ernsthafte Unterhaltung mit meinen beiden kleinen Kindern an, die gelangweilt in ihren Schneeanzügen auf dem Boden herumrollten. Jeder, der die Aufmerksamkeit meiner Töchter gewinnen konnte, bekam sicher auch meine. An dem Tag begannen wir vier eine Freundschaft, die bis heute andauert. Und seit gut zwanzig Jahren fragen meine Töchter und ich nun schon: »Betty, was meinst du?«

Jo Carole Lauder

Ob Sie es glauben oder nicht, ich bin der Meinung, daß Geschäfte immer kundenorientierter werden. Bergdorf Goodman (und einige andere Edel-Kaufhäuser) haben inzwischen

Leute an jedem Eingang postiert, die Sie nicht nur willkommen heißen, sondern Ihnen auch den richtigen Weg durchs Haus weisen sollen. Diese Menschen sind meist sehr darauf bedacht, Ihnen zu helfen, und sie kennen jeden Winkel »ihres« Hauses, von der Haute-Couture-Abteilung bis zu den einfachen T-Shirts. Einer der Gründe, warum Service großgeschrieben wird, ist meiner Ansicht nach, daß immer mehr Leute es von der einfachen Verkäuferin zur persönlichen Einkaufsberaterin oder Abteilungsleiterin bringen wollen. Wenn Sie einen solchen Profi finden, um so besser für Sie.

Allein in diese großen Häuser hineinzugehen, kann schon einschüchternd wirken. Das passiert sogar mir manchmal, wenn ich fremde Läden betrete, obwohl ich seit über zwanzig Jahren im Geschäft bin. Manche scheinen Verkäuferinnen zu haben, die absichtlich unfreundlich sind. Sie glauben offenbar immer noch, den Inhalt nach der Verpackung beurteilen zu können. Aber wie wollen sie wissen, was man im Portemonnaie hat, wenn alle in Jeans und T-Shirts herumlaufen? Ich war kürzlich mit einer Freundin beim Einkaufen, die zu mir sagte: »Wen muß man kennen, um hier ein Paar Schuhe kaufen zu dürfen?« Niemand wollte uns bedienen. Diese Nachlässigkeit im Verkauf ist fast noch schlimmer als gleich beim Betreten des Ladens überfallen zu werden.

Es ist wirklich eine schwierige Sache, die richtige Person zu finden, die Sie sicher durchs Geschäft lotst. Ich kann Ihnen nichts versprechen, aber ich kann Ihnen wenigstens einige Richtlinien und ein paar leichte Tricks verraten, damit Sie das Verkaufspersonal, dem Sie begegnen, besser einschätzen können. Wenn Sie den Laden nach einer Verkäuferin absuchen, müssen Sie zunächst einmal jemanden finden, der Blickkontakt mit Ihnen aufnehmen möchte. Alle, die zu gleichgültig sind, um auf Ihren »Ich brauche Hilfe«-Blick zu reagieren – Frauen, die am Telefon mit der Freundin plaudern oder Kaugummi kauend in die Luft schauen –, sollten Sie wie die Pest meiden. Verschwenden Sie bitte nicht Ihre Zeit damit, diese Person davon zu überzeugen, Ihnen zu helfen. Suchen Sie lieber weiter, bis Sie jemand anderen finden.

Ein guter Test, der Ihnen zeigt, wie erfahren und kenntnisreich die Verkäuferin ist, sind Fragen zu Größen. Ich kann bei fast jeder Frau (manchmal sogar wenn sie ihren Mantel noch anhat) auf einen Blick die Größe bestimmen. Das liegt nicht daran, daß ich Hellseherin wäre, diese Fähigkeit hat sich vielmehr in all den Jahren entwickelt, in denen ich Menschen anziehe und gelernt habe, was wem paßt. Testen Sie die Fähigkeiten der Verkäuferin, die Sie bedienen soll, indem Sie ihr eine Hose zeigen, die Sie probieren möchten, und sie fragen: »Glauben Sie, daß diese mir in 38 paßt?« Wenn die Antwort ja lautet, obwohl Sie normalerweise 40 oder 42 tragen, dann sollten Sie ihr Urteilsvermögen erst einmal in Frage stellen. Entweder hat diese Person einen wirklich guten Blick, schätzt Sie richtig ein und weiß, daß diese Hose groß ausfällt (in diesem Fall haben Sie ein Juwel entdeckt), oder sie hat keine Ahnung und will Ihnen nur etwas andrehen. Wenn Ihre Größe nicht vorrätig ist, wird man vielleicht versuchen, Ihnen das zu verkaufen, was gerade da ist, anbieten, es zu ändern, versuchen, Ihnen einzureden, daß das Kleidungsstück so gedacht ist oder einfach versuchen, Sie zum Kauf von etwas zu überreden, das nicht wirklich paßt. Lassen Sie nicht zu, daß eine Verkäuferin Ihre Zeit verschwendet und Sie Millionen von Sachen anprobieren läßt, um Ihre richtige Größe und den Schnitt, der Ihnen steht, herauszufinden. Wenn jemand den Größentest nicht besteht, sollten Sie sich einfach bedanken und gehen. Sich eine andere Verkäuferin zu suchen oder sogar sich auf eigene Faust ein paar Größen zu schnappen und sie in der nächsten Umkleidekabine durchzuprobieren, wird Sie schlußendlich weniger Zeit kosten, als sich mit einer unerfahrenen oder desinteressierten Verkäuferin herumzuschlagen.

Sie sollten sich auch vor Leuten in acht nehmen, die Sie mit Schmeicheleien überschütten: »Oh, wie für Sie gemacht!« Seien Sie wachsam, wenn jemand sich in Lobhudeleien darüber ergeht, wie gut Sie in etwas aussehen. Es steht Ihnen frei, das zu hinterfragen. Sagen Sie etwas wie: »Ich bin mir nicht sicher, daß es richtig paßt« oder: »Ich bin mir unsicher, ob das die richtige Farbe für mich ist.« Sie haben jedes Recht dazu, denn schließlich sind Sie es, die dafür bezahlen soll. Und nicht die Verkäuferin ist es, die mit etwas leben muß, das – ungetragen – im Schrank hängt.

Selbst wenn Sie jemanden gefunden haben, der Ihnen hilft, Sie ein paar Sachen beisammen haben und zur Umkleide geleitet worden sind, heißt das noch nicht, daß damit alles geregelt wäre. Haben wir nicht alle schon diese frustrierende Situation erlebt, wenn man in einer Umkleidekabine mit einer Hose in der falschen Größe gefangen ist und durch die Tür nach draußen um Hilfe schreit? Es gibt nichts Ärgerlicheres, denn falls nicht zufällig eine Verkäuferin draußen vorbeiläuft (oder so gewissenhaft ist, von selbst zurückzukommen, um nach Ihnen zu sehen), sind Sie gezwungen, sich komplett wieder anzuziehen, um die Ständer nach der richtigen Größe abzusuchen. Es gibt keine narrensichere Methode, die Ihnen garantiert, daß Ihre Verkäuferin in der Nähe bleibt, aber es kann nicht schaden, sie – bevor Sie die Tür der Kabine hinter sich zumachen – darum zu bitten, in ein paar Minuten wiederzukommen, weil Sie vielleicht die nächste Größe benötigen werden.

Wenn (oder sollte ich sagen »falls«?) Sie endlich ein Verkäuferin gefunden haben, die hilfsbereit und erfahren ist und zu verstehen scheint, wonach Sie suchen, kann sie von unschätzbarem Wert sein – nicht nur bei Ihrem jetzigen Einkauf. Jede Verkäuferin (und jeder Verkäufer) bei Bergdorf Goodman führt ihr (sein)

eigenes Kundenbuch, das die Adresse, Telefonnummer, bevorzugte Kreditkarten, Größen, Lieblings-Designer, Farben und
Vorlieben all ihrer (seiner) Kunden enthält. So sorgt man nicht
nur dafür, daß Sie beim Einkaufen keine Zeit verlieren, sondern
kann Ihnen auch helfen, Ihre Einkäufe zu planen, beispielsweise
indem man Sie im voraus informiert, wenn etwas, das Sie haben
wollten, reduziert wird oder eine neue Lieferung von Pullovern,
die Ihnen gefallen könnten, eingetroffen ist. Die Läden beginnen
zu begreifen, daß sie von einem derartigen Service genauso profitieren wie die Kunden, denn ein zufriedener Kunde bringt vielleicht seine ganze Familie und auch Freunde als neue Kunden
mit.

Ich denke, die meisten Frauen begehen einen großen Fehler,
wenn sie glauben, daß solch ein Service nur für Reiche
erschwinglich ist. Ganz falsch! Es darf keine Rolle spielen, ob
Sie bei Bergdorf Goodman oder in einem Kaufhaus für jedermann wie z. B. Sears einkaufen; Sie sollten nicht danach behandelt werden, wieviel Geld Sie vielleicht ausgeben werden. In den
meisten Geschäften sind die Dienste persönlicher Einkaufsbera-
ter gratis und nicht so gedacht, daß man Ihnen das Geld aus der
Tasche zieht und Sie danach mit einem Haufen teurer Klamotten dastehen. Sie können die ganze Mantelabteilung alleine
durchstreifen, Hunderte von Mänteln anprobieren und mit leeren Händen wieder gehen. Sie können aber auch eine persönliche Einkaufsberaterin um Hilfe bitten, sich von ihr eine Auswahl
in Ihrer Größe zeigen lassen – und trotzdem mit leeren Händen
wieder gehen.

Egal, ob Sie sich von jemand beraten lassen oder es auf eigene
Faust versuchen – die andere Falle, in die wir gerne tappen, ist
Einschüchterung. Der wirklich beste Rat, den ich Ihnen geben
kann, lautet: Fühlen Sie sich nie gezwungen, etwas zu kaufen.
Es ist nichts dabei, wenn Sie – eingeschüchtert von einer Verkäuferin, dem Laden selbst oder den Preisen – mit den Worten »Ich
überleg's mir nochmal« schnurstracks zur Tür gehen. Sie sind
nicht gezwungen, etwas zu kaufen, nur weil jemand Ihnen ein
paar Sachen in die Umkleide gebracht hat. Sie sind der Verkäuferin zu nichts verpflichtet – egal, wie hilfsbereit sie war. Selbst
wenn sie für Sie ins Lager gegangen ist oder eine Schaufensterpuppe ausgezogen hat, damit Sie den Blazer in Ihrer Größe pro-

bieren konnten, müssen Sie ihn trotzdem nicht kaufen – es sei denn, Sie haben sich schon beim Hineinschlüpfen in ihn verliebt. Und Sie müssen sich schon gar nicht aus dem Geschäft stehlen. Sie sollten besonders fest in Ihrem Entschluß bleiben, wenn Sie etwas anprobiert haben, das für Ihren Geldbeutel eigentlich ein bißchen zu teuer ist. Lassen Sie sich nicht drängen oder in Verlegenheit bringen, etwas zu kaufen, das Sie sich nicht leisten können. Versuchen Sie damit der Verkäuferin zu beweisen, daß Sie genug Geld haben, um zu kaufen, was immer Ihnen gefällt? Natürlich nicht. Lassen Sie sich also auch nicht zu einem solchen Verhalten verleiten. Sie würden nur nach Hause gehen, den Kauf bedauern und sich dann vielleicht genötigt sehen, sich in den Laden zurückzuschleichen, um es umzutauschen. Dann müßten Sie sich auch noch einen Grund einfallen lassen, warum es Ihnen jetzt plötzlich doch nicht gefällt.

Tips zur Beurteilung einer Verkäuferin

◆ Jemand, der Sie schon an der Tür begrüßt oder sich Ihnen sofort nähert, sobald Sie hereinkommen, möchte Sie gerne bedienen.

◆ Wenn Sie mit einigen Kleidungsstücken in der Hand herumlaufen und die Verkäuferin Ihnen nicht anbietet, eine freie Kabine zu suchen, wird sie auch keine große Hilfe sein, sobald Sie hinter der Kabinentür mit der Hose in der falschen Größe festsitzen.

◆ Hüten Sie sich vor Verkäuferinnen, die zu beschäftigt damit sind, am Telefon zu plaudern oder mit ihren Freundinnen hinter der Theke zu tuscheln, um Sie auch nur eines Blickes zu würdigen.

◆ Jemand, der von Zeit zu Zeit an Ihrer Umkleide vorbeischaut, ohne sich aufzudrängen, ist es wert, wieder aufgesucht zu werden.

◆ Wenn Sie hören, daß die Verkäuferin Ihnen und einer anderen Kundin dieselben Komplimente macht, können Sie zu Recht an Ihrer Objektivität zweifeln.

Lassen Sie sich – nachdem Sie sich zum Kauf entschlossen haben – den Vorteil eines weiteren Kundendienstes, den die meisten Kaufhäuser, aber auch viele kleinere Läden bieten, nicht entgehen: Änderungen gratis oder gegen einen geringen Aufpreis. Ich kann Ihnen gar nicht sagen, wie oft Kundinnen bei mir Kleider kaufen, die noch am selben Tag kürzer und/oder enger gemacht und zugestellt werden müssen. Teurere Geschäfte sind bei dieser Art von Gefälligkeiten meist besser, aber wenn Sie es nicht so schrecklich eilig haben, bekommen Sie in der Regel alle nötigen Änderungen innerhalb von ein paar Tagen oder einer Woche erledigt. Und wieviel einfacher (und zeitsparender) ist es, die richtige Länge gleich in der Umkleide abstecken zu lassen, als Rock oder Kleid erst zu einer Schneiderin zu tragen und dort zum Abstecken nochmals anzuziehen?

Die Sachen fallen heute alle so unterschiedlich aus – die eine Größe 40 ist extrem weit in der Taille, die andere schmal in den Schultern –, so daß ich wirklich nicht begreife, wie jemand etwas von der Stange nehmen und erwarten kann, daß es auf Anhieb paßt. Ich beobachte eine Menge Leute, und ich muß sagen, daß die meisten ihre Kleider nicht so vorteilhaft tragen wie sie könnten. Sie sind viel zu schnell bereit, die Sachen so zu nehmen, wie sie sind – selbst wenn die Ärmel zu weit, die Schultern zu breit und der Saum eine Spur zu lang ist. Männer sind in diesen Dingen viel besser, weil sie es gewohnt sind, daß ihre Anzüge geändert werden – die Aufschläge der Hosen, die Ärmellänge. Warum finden sich also Frauen (die im Durchschnitt viel mehr für Kleidung ausgeben als Männer) mit irgendwie schlecht sitzenden Sachen ab? Ich glaube, daß Frauen oft zu schüchtern sind, um nach Änderungen zu fragen – das müssen Sie einfach tun. Sie werden sich wundern, wieviel besser Sie danach in Ihren Kleidern aussehen.

Erkundigen Sie sich bei jedem Kauf, ob das Geschäft jemanden hat, der solche Änderungen vornimmt. Sie werden überrascht sein, wie viele Läden diesen Service anbieten. Und lassen Sie sich bloß nicht von der Aussicht auf eine Anprobe abschrecken – die Schneiderin oder der Schneider kann Ihnen dann gleich raten, was ihrer oder seiner Meinung nach an diesem Kleidungsstück geändert werden sollte. Manchmal ist es einfach nur der Saum (aber was für einen Unterschied kann die genau richtige Rocklänge machen). Sie werden überrascht sein, wie anders ein Kostüm aussieht, wenn der Rock etwas länger und die Schultern etwas schmäler gemacht sind. Der Unterschied besteht darin, daß Sie plötzlich ein Kostüm besitzen, das aussieht, als wäre es für Sie maßgeschneidert worden. Ihre Sachen sehen teurer aus, wenn Sie exakt passend gemacht sind; aber umgekehrt heißt das nicht, daß teure Kleider von der Stange auf Anhieb perfekt passen.

Zugegebenermaßen kann es sehr teuer werden, Ihre Kleider ändern zu lassen – selbst wenn Sie den hauseigenen Änderungs-Service in Anspruch nehmen. Aber ich verspreche Ihnen, daß sich diese Investition lohnt, weil Ihre Kleider dadurch an Wert gewinnen und Sie jedesmal, wenn Sie sie anziehen, glücklich machen. Meiner Ansicht nach fahren Sie besser, wenn Sie am Beginn jeder Modesaison ein Stück weniger kaufen, als Sie sich vorgenommen hatten, und das restliche Geld dafür ausgeben, alle neu gekauften Teile so ändern zu lassen, daß sie Ihnen wie Handschuhe passen.

Ein Freund von mir hat neulich in New York ein Einkaufserlebnis gehabt, das in meinem Augen bewiesen hat, daß man guten Service wirklich in jeder Preislage bekommt. Manchmal muß man einfach nur danach fragen. Er ging in einen großen, renommierten Laden, der Filialen im ganzen Land betreibt, um sich einen Smoking zu kaufen. Er fand sofort das richtige Jackett, aber die New Yorker Filiale hatte keine einzige dazu passende Hose in seiner Größe. Als erstes rief der Verkäufer vergeblich Läden im ganzen Land an, dann gab er meinem Freund die Telefonnummern aller Filialen im Osten der USA. Ein Anruf führte zum nächsten, bis man schließlich in Vermont eine passende Hose auftrieb und sie mit Luftpost zur Ansicht schickte, um zu sehen, ob sie zum Jackett paßte. Einige Tage später rief der Geschäftsführer der Filiale, wo das Jackett gekauft worden war, meinen Freund an, um sich zu erkundigen, ob der Smoking jetzt vollständig sei. Das nenne ich Service, sowohl von seiten der Firma als auch von seiten der Filiale (wo man glauben könnte, daß niemand daran interessiert ist, einem zu helfen).

Und offenbar ist diese Geschichte kein Einzelfall. Ich habe schon von Frauen gehört, die sich beim Anprobieren in einen

bestimmten Designer-Blazer oder ein Kleid verliebt haben, es
aber nicht übers Herz brachten, das Stück zum vollen Preis zu
erstehen. Also ließen sie sich von der Verkäuferin die Modell-
nummer aufschreiben und riefen dann beim Fabrikverkauf des
Designer-Labels an, um sich danach zu erkundigen. Es scheint,
daß viele dieser Designer-Stores zumindest in Amerika einen
überraschend guten Service haben (vielleicht um den guten Ruf
der Designer nicht zu gefährden).

Ein Schnäppchen, das nicht so heißt

Betty wird mit Flugzeugladungen voll texanischer Erbinnen und Kostümen
für Seifenopern spielend fertig – hinterher ist jeder glücklich und gut angezogen. Als alte Kundin und auch als alte Freundin verlasse ich mich auf
Betty, egal, ob es sich um eine Tasse Kaffee, guten Rat für meine Garderobe
oder persönlichen Service handelt. Letzterer kann auch darin bestehen, bei
Regen in einem Partykleid aus Tüll mit einem Lieferwagen von Bergdorf
mitgenommen zu werden, oder in einer Empfehlung, was ich bei einem
unerwarteten Fernsehauftritt am nächsten Morgen anziehen soll.

Betsy Cronkite

Egal, ob Sie sparen müssen oder so viel Geld haben, daß Sie
nicht wissen, wohin damit – jede Frau, die ich kenne, liebt es,
etwas zu finden, das so stark reduziert ist, daß sie das Gefühl hat,
es praktisch geschenkt zu bekommen. Und ich stimme zu, daß
es Sie zu Recht mit Stolz erfüllen kann, wenn Sie einen Laden
mit einem Kaschmirkleid von Calvin Klein verlassen, das weniger gekostet hat als ein Marken-Sweatshirt. Problematisch wird
es jedoch, wenn Sie von der Schnäppchenjagd so gefangenge-
nommen sind, daß Sie »Kleinigkeiten«, wie Ihre Größe, die Farben, die Sie mögen (oder hassen), was Sie bereits besitzen und
was Ihnen steht, völlig außer acht lassen. Ich nenne das »Ausverkauf des Verstands«. Sobald sie einen Hauch von diesen Son-

derangeboten wahrnehmen (das passiert auch bei Fabrikverkäufen und dem Verkauf von preisgünstigen Designer-Modellen), verlieren manche Frauen jegliche Vernunft und ihren Einkaufsverstand. Sachen, die sie zum vollen Preis nicht mal eines Blickes gewürdigt hätten, werden bei 50% Nachlaß plötzlich unwiderstehlich.

Es gibt Frauen, die nur im Ausverkauf einkaufen, Frauen, die jeden Tag in ihrer Mittagspause die Geschäfte durchstreifen und ihren Lieblingssachen hinterherschleichen, während diese ihren Weg vom vollen Preis bis zur zweiten Reduzierung machen. Um dabei wirklich erfolgreich zu sein, müssen Sie ein außergewöhnliches Einkaufstalent sein. Jede Frau, die in der Lage ist, die guten Sachen aus einem Ständer voller Mist herauszufischen, würde ich als sehr gewitzte Kundin bezeichnen. Das sind wahrscheinlich auch die Frauen, die einen Flohmarkt besuchen und mit einer unschätzbar wertvollen Antiquität für 5 Dollar wieder verlassen.

Wenn Sie vorhaben, nur Schnäppchen zu kaufen, müssen Sie sich ständig selbst befragen: Brauche ich das? Sehe ich darin wirklich gut aus? Das Entscheidende ist nämlich, daß die meisten Leute schreckliche Fehler machen, wenn sie in den Kaufrausch fallen. Und Realität – zumindest in Amerika – ist, daß die meisten Läden ihre wirklich guten Angebote in Spezialgeschäfte geben, statt sie im eigenen Haus als Sonderangebote zu verkaufen. Mit diesen Spezialgeschäften sind Sie viel besser beraten, weil die Angebote hier übersichtlicher präsentiert werden, Sie eine größere Auswahl haben und mit höherer Wahrscheinlichkeit Ihre Größe finden.

Ich weiß, daß Sie das wahrscheinlich nicht hören wollen, aber ich muß sagen, daß es wirklich nur sehr selten Sinn hat, etwas im Ausverkauf zu erstehen, das Sie zum vollen Preis nicht auch hätten kaufen wollen. Wenn Sie etwas begehren, das Sie sich eigentlich nicht leisten können, es beobachtet haben, gesehen haben, wie es reduziert wurde – wenn Sie dann zuschlagen und es sich kaufen, dann ist das toll. Das ist der »große amerikanische Traum« – zumindest, was Einkaufen angeht. Aber jetzt kommt die warnende Geschichte von der dunklen Seite des Schlußverkaufs: Sagen wir, Sie sehen am Ende der Saison die

Sonderangebote durch und stoßen auf ein Seidenhemd von Ralph Lauren, das um 75% reduziert ist – und Sie haben Ralph Lauren schon immer geliebt, konnten sich die Sachen nur einfach nicht leisten. Ein tolles Schnäppchen, oder? Nicht unbedingt. Sagen wir, Sie haben schon längere Zeit nach einer roten Seidenbluse gesucht, die zu einem Ihrer Kostüme paßt; dieses Stück ist dagegen von einem eher kräftigen Grün. Wenn Sie sich leisten können, es zu kaufen, und danach immer noch genug Geld für eine rote Bluse haben, die Sie eigentlich brauchen, dann kaufen Sie es in Gottes Namen. Aber lassen Sie sich nicht dazu verführen, es zu kaufen, wenn Sie die Farbe nicht mögen, nichts haben, was dazu paßt oder es nie tragen werden. Mit anderen Worten, kaufen Sie es nicht einfach nur, weil es Ralph Lauren und erschwinglich ist. Was ich damit sagen will, ist, daß alles, was Sie kaufen, aber nicht am liebsten immer tragen würden, sicher kein Schnäppchen ist – egal, wie niedrig der Preis war.

Ein anderes großes Problem, das oft auftritt, wenn die Leute ein sogenanntes Schnäppchen kaufen, ist, daß sie am Ende mit einem Kleidungsstück dastehen, das nicht paßt und das man auch nicht passend machen kann. Geblendet von durchgestrichenen Preisen und der Vision von all dem Geld, das Sie sich sparen, überzeugen Sie sich womöglich noch selbst, daß dieser Blazer in 42 leicht (und preiswert) in Ihre Größe 38 geändert werden kann. Oder – noch schlimmer – Sie reden sich ein, daß Sie wirklich diese zwei bis drei Kilo abnehmen werden, so daß es Ihnen gelingt, Ihre 42er Hüften in diese Hose in Größe 40 zu zwängen (oder aber Sie hoffen, einen Schneider

zu finden, dem es gelingt, sie entsprechend weiter zu machen).
Mein Motto lautet: Wenn es nicht geändert werden kann, kaufen
Sie es nicht. Und viele dieser Sachen können wirklich nicht pas-
send gemacht werden. Da könnten Sie sich genausogut eine
Schere nehmen, das Teil in Stücke schneiden und wegwerfen.
Das nenne ich reine Geldverschwendung.

Die fünf goldenen Regeln der Schnäppchenjagd

Die folgenden Tips sollten Sie beherzigen, damit Ihre Schnäppchenjagd Sie nicht im Endeffekt teuer zu stehen kommt.

◆ Nutzen Sie den Schlußverkauf, um Ihre Grundgarderobe mit T-
Shirts, Pullovern, klassischen Mänteln und lässiger Freizeitkleidung
aufzustocken.

◆ Wenn die Saison noch nicht um ist, kaufen Sie Schnäppchen, um
damit einen Trend aufzugreifen, ohne gleich ein Vermögen dafür
auszugeben (das gilt auch für Schuhe).

◆ Ein Artikel, der so hoffnungslos verschmutzt oder beschädigt ist,
daß er nicht repariert werden kann, ist kein Schnäppchen.

◆ Nur bedingt zu empfehlen ist es, die Kernstücke Ihrer Garderobe
von der Sonderangebots-Stange zu kaufen. Das sind Sachen, die Sie
(hoffentlich) sehr viel tragen werden, und da wollen Sie doch
sicher nicht ständig das Gefühl haben, die falsche Farbe oder einen
etwas anderen Schnitt genommen zu haben, als Sie eigentlich wollten.

◆ Kaufen Sie nichts, in das Sie sich nicht wirklich verliebt haben (das
gilt für Sachen zum vollen Preis genauso wie für Schnäppchen).

Idealerweise gibt es eine Schneiderin oder sonst jemand im Ver-
kaufsteam, der für Änderungen zuständig ist und Ihnen sagen
kann, was machbar ist und was nicht, bevor Sie den kostspieli-
gen Fehler machen, ein nicht zu änderndes Teil zu kaufen, das
Sie auch nicht zurückgeben können. Aber da das nicht immer der
Fall ist, müssen Sie lernen, selbst (und zwar möglichst objektiv)
zu sehen, wie ein Kleidungsstück gemacht ist, wo es nicht paßt
und was man realistischerweise ändern kann.

Im allgemeinen ziehen die Leute etwas an, das zu klein ist und
gehen davon aus, daß man aus den Nähten noch etwas heraus-
lassen kann. Da die Hersteller jedoch zunehmend alles versu-

chen, um Stoff zu sparen, ist häufig in den Nähten nichts mehr drin. Sie müssen lernen, einen Blick und eine Hand für Nähte zu bekommen, und das Kleidungsstück gegen das Licht halten, um zu sehen, ob da noch eine Reserve drin ist. Und selbst wenn das so ist, können manche Stoffe – besonders Samt, Satin und bestimmte Seiden – nicht herausgelassen werden, weil die Originalnaht nicht zu beseitigende Spuren hinterläßt. Etwas zum Ändern zu geben, kann auch dann problematisch sein, wenn Sie sich falsche Hoffnungen darüber machen, was tatsächlich daran getan werden kann. Zu versuchen, etwas um mehr als eine Größe zu verkleinern, ist praktisch unmöglich, weil man dafür einen ganz neuen Schnitt machen müßte; und es ist sehr schwierig, die Ärmel dann richtig anzusetzen oder die Schultern entsprechend zu verkleinern, so daß die Proportionen nach wie vor stimmen.

Sehr oft sind die Vorstellungen der Leute darüber, was geändert werden kann, einfach absurd. Entweder sind diese Wünsche unmöglich (und das Kleidungsstück fristet seine Zeit ungetragen im Schrank), oder die notwendigen Änderungen sind so aufwendig, daß das vermeintliche Schnäppchen Sie teurer kommt als ein anderes Outfit zum regulären Preis. Im Zweifelsfall ist es deshalb besser, weiterzusuchen, bis Sie etwas wirklich Passendes finden. Schließlich handelt es sich ja hier nicht um ein lebendiges Wesen, sondern nur um ein Stück Stoff.

Wo geht's denn hier nach oben?

Als ich Betty das erste Mal traf, hatte ich nur Probleme! Der Laden schüchterte mich ein, ich hatte keine Ahnung, wie ich mich anziehen sollte, und sowieso Panik davor, Geld auszugeben. Inzwischen habe ich, dank Betty, meine Angst vor den elegantesten Läden der Welt abgelegt, die Bedeutung eines guten Kostüms erkannt und – unter ihrer Anleitung – gelernt, mein Geld klug und gut anzulegen.

Bridget Potter, Vizepräsidentin des
Unterhaltungssektors bei NBC, New York

Wenn Sie ausschließlich in großen Kaufhäusern einkaufen, ist es sehr wahrscheinlich, daß Sie jedesmal, wenn Sie durch die Drehtür gehen, genauso überwältigt und verwirrt sind wie beim ersten Mal. Dabei kann es sich um denselben Laden handeln, den Sie schon im Kinderwagen mit Ihrer Mutter besucht haben, oder es kann ein fremdes Haus in einer fremden Stadt sein – das Gefühl von Orientierungslosigkeit ist dasselbe. Es befällt Sie vermutlich in dem Augenblick, in dem Sie in die hellen Lichter, schwindelnden Farben und schweren Düfte eintauchen. (Warum zwingt man die Leute eigentlich immer, sich den Weg zwischen Parfumflakons und Kosmetikständern zu bahnen, bevor sie irgendwoanders hingelangen?) Wenn Sie sich in Ihrem traditionellen Lieblingskaufhaus befinden, sind Sie wahrscheinlich in der Lage, sich unbeschadet durch dieses Labyrinth zu schlängeln und praktisch unversehrt die Aufzüge zu erreichen, die Sie schnurstracks in Ihre bevorzugte Abteilung bringen.

Wenn Sie jedoch in einem Kaufhaus absolutes Neuland betreten, begeben Sie sich am besten unverzüglich zum nächsten Übersichtsplan, um eine Vorstellung davon zu bekommen, in welchen Etagen Sie finden werden, was Sie suchen. Danach würde ich, anstatt gleich in den Aufzug zu springen, lieber mit der Rolltreppe höher und höher hinauffahren – da haben Sie eine viel bessere Aussicht, um das Terrain zu überblicken. Das ist tatsächlich auch der Grund dafür, warum Läden ursprünglich begannen Rolltreppen einzubauen. Sie zwingen die Kunden, sich fast den ganzen Laden anzusehen, und nicht nur die eine Abteilung, die diese eigentlich aufsuchen wollen. Betrachten Sie Rolltreppenfahren als Schaufensterbummel – nur daß Sie diesen von innen absolvieren und in jedem beliebigen Stockwerk, das Ihnen ins Auge fällt, Halt machen können.

Noch besser ist es, wenn Sie sich ein bißchen Zeit nehmen und den ganzen Laden wie ein Museum durchstreifen. Stecken Sie Ihren Kopf in jede Ecke, jede Abteilung und betrachten Sie alle »Exponate«. Berühren, befühlen, besehen Sie die Sachen, damit Sie mit dem Angebot vertraut werden. Machen Sie sich keine Sorgen, verlorenzugehen, das gehört zu diesem Spiel dazu. Das Kaufhaus möchte, daß Sie verlorengehen. Man legt es darauf an, daß Sie in einer unerwarteten Abteilung landen, die Sie sonst nie aufgesucht hätten. Das gleiche können Sie in einem

Einkaufszentrum machen und sich in all den kleinen Boutiquen umsehen. Haken Sie keine von ihnen ab, bevor Sie nicht tatsächlich hineingegangen sind und sich umgesehen haben. Mit großer Wahrscheinlichkeit finden Sie eine Menge ähnlicher Sachen in all diesen Läden oder den verschiedenen Abteilungen des Kaufhauses. Hier können Sie sofort einsparen: Wenn Sie wissen, daß zwei Läden oder zwei Abteilungen im selben Kaufhaus eine ähnliche Auswahl haben, streichen Sie jeweils einen bzw. eine davon von Ihrer Liste. Genau aus diesem Grund wird Ihnen diese kleine Übung auf lange Sicht tatsächlich Zeit sparen helfen. Wenn Sie Ihre Hausaufgaben machen und die Läden mit offenen Augen, aber fest zugehaltenem Geldbeutel durchstreifen, werden Sie beim nächsten Mal genau wissen, wo Sie sich hinwenden sollten und welche Wege Sie sich sparen können.

Sie müssen bei dieser Gelegenheit Ihre Brieftasche wirklich streng verwalten, damit Sie nicht beginnen, hier und da einzukaufen, während Sie durch das Geschäft wandern. Vielleicht lassen Sie sogar Ihre Kreditkarte sicher verwahrt zu Hause, wenn Sie sich selbst nicht trauen. Sagen Sie sich: »Ich bin heute nicht hier, um etwas zu kaufen. Ich möchte nur das Angebot kennenlernen und mir im Kopf Notizen machen.« Denn wenn Ihnen die Sachen gefallen, werden Sie sowieso wiederkommen – vielleicht sogar schon am nächsten Tag. Der Unterschied wird dann jedoch sein, daß Sie schon eine gewisse Vorstellung davon haben, wo Sie hingehen und was Sie kaufen möchten.

Mir ist ganz klar: Wie sehr ich auch versuche, Sie davon zu überzeugen, daß ein solcher Rundgang letztendlich Zeit spart, so wird es doch einige sehr Beschäftigte unter Ihnen geben, die dem entgegenhalten: »Hey, ich möchte nur ein paar BHs, ein Paar Sandalen oder eine rote Strickjacke kaufen, warum soll ich da vorher den ganzen Laden ablaufen?« Also schön, gehen Sie hinein und begeben Sie sich zur Etagenübersicht. Seien Sie aber dort auf weitere Verwirrung gefaßt. Wenn »Damenschuhe« in drei verschiedenen Etagen angeboten werden, wo gehen Sie dann hin? Oder manchmal stehen auf diesen Übersichtstafeln so schicke Namen, daß Sie nach wie vor nicht genau wissen, wo Sie BHs finden werden. Immer mehr Kaufhäuser bieten katalogdicke Verzeichnisse an (meist in der Nähe der Aufzüge oder der Rolltreppen), die oft hilfreicher sind und detaillierter erklären, wo was zu finden ist. Außerdem können Sie so ein Verzeichnis mit sich herumtragen, während Sie einkaufen, nur für den Fall, daß Sie zum Beispiel dringend die Mantelabteilung suchen.

Was mir das Schreiben dieses Buchs am schwersten gemacht hat, ist die Tatsache, daß ich nicht jede von Ihnen bei der Hand nehmen und durch den Laden führen kann, wie ich es mit meinen Kundinnen tue. Im Gegensatz zu diesen können Sie nur beherzigen, was ich Ihnen zu vermitteln versucht habe, und müssen auf eigene Faust losziehen. Schließlich ist alles, was ich tun kann, Ihnen Mut machen. Ich möchte Sie dazu bringen, Ihre Augen aufzumachen und sich selbst, den Laden, die Kleider, die Verkäuferinnen und das ganze Einkaufserlebnis mit etwas Objektivität (und immer mit ein bißchen Humor) zu betrachten. Ich möchte Sie auch dringend auffordern, nicht einfach der

Herde zu folgen. Ich habe schon immer
gesagt, wenn wir tatsächlich einmal eine
Herde von geklonten Schafen sein sollten, wird für mich der Zeitpunkt
gekommen sein, meinen Laden zu
schließen. Es dürfte dann niemand
mehr Hilfe brauchen, um sich so anzuziehen wie alle anderen. Nur wenn man
sich als Individuum kleiden will, erfordert
das einige Fähigkeiten, ein bißchen
Anstrengung und zumindest ein wenig
Nachdenken.

Ich finde, Frauen sind viel zu kritisch
mit sich selbst, weil sie immer nach den
anderen schielen – ihren Körpern, ihren
Haaren, ihren Kleidern. Außerdem sind
wir wahnsinnig beschäftigt damit, zu
verdecken, zu verbergen und wegzumo-
geln. Ich weiß schon mein ganzes Leben
lang, daß das nicht gleichbedeutend mit
Stil ist. Die Art und Weise, wie Sie Ihren
Kopf tragen, macht Sie attraktiv. Stil ist –
und damit sage ich es zum letzten Mal –
eine Frage des Selbstvertrauens. Gerade aus
Unsicherheit höre ich so oft die Klage: »Ich
habe nichts anzuziehen.« Dieses Problem
hat normalerweise sehr wenig mit Geld-
oder Zeitmangel oder gar einem Mangel an
Kleidern zu tun (auch Frauen mit überquel-
lenden Schränken behaupten steif und fest,
nichts anzuziehen zu haben). Hier geht es
um einen Mangel an Vorstellungsvermö-
gen, einen Mangel an Selbstvertrauen und
die langweilige Gewohnheit, immer auf
Nummer Sicher zu gehen.

Sie denken vielleicht, Sie hätten lauter
falsche Sachen eingekauft, daß nichts zusammenpaßt oder daß es sich um lauter
Einzelstücke handelt, die kein einziges

vollständiges Outfit ergeben. Das sind lauter echte Schwierigkeiten, aber mit großer Wahrscheinlichkeit leiden Sie entweder nicht wirklich darunter oder aber Sie könnten sie beseitigen, ohne auch nur einkaufen gehen zu müssen. Das wahre Problem ist wahrscheinlich Langweiligkeit – d. h., Sie tragen unter der Woche immer dieselben drei Kostüme mit denselben drei Blusen und jedes Wochenende dieselben Jeans, Khaki-Hosen und Pullis, weil diese Sachen zu einer Art Sicherheitsnetz für Sie geworden sind. Sehr oft können Sie diese Eintönigkeit überwinden, indem Sie einfach ihren Kleiderschrank neu ordnen: Holen Sie ein paar selten getragene Sachen nach vorne und schieben Sie die alten Standards für eine Weile nach hinten. Nehmen Sie – jedesmal wenn Sie Ihren Schrank öffnen – dieses rote Kostüm hervor, bei dem Sie sich immer fragen: Warum habe ich das bloß gekauft? Versuchen Sie jedesmal, es mit anderen Augen zu sehen, und probieren Sie es mit den verschiedensten Tops, Strümpfen, Schuhen, Schals, Gürteln und diversem Schmuck aus. Wenn gar nichts zu passen scheint, ziehen Sie die Jacke über einem schwarzen Pullover zu einer Jeans an.

Und dann gibt es da noch die Frau, die Kleider nie in Ensembles kauft, sondern immer nur ein Stück, wenn es ihr ins Auge springt. Jemand sollte sie begleiten und ihr hin und wieder auf die Finger hauen. Das ist nämlich nicht gerade die logischste Vorgehensweise, um eine miteinander harmonierende Garderobe zusammenzustellen. Hoffentlich haben Sie sich beim Kauf solcher Einzelteile zumindest so viel Gedanken gemacht, daß sie zu irgend etwas passen. Ich kann nicht in Ihren Kleiderschrank schauen und Ihnen sagen, was das sein könnte. Vielleicht haben Sie einen sicheren Hafen, zum Beispiel einen vielseitigen schwarzen Pullover. Wenn Sie also permanent Miniröcke oder Hosen oder Blazer kaufen, wissen Sie, daß Sie diese alle mit dem schwarzen Pullover kombinieren können. Wenn Sie Myriaden von Einzelteilen haben und immer noch der Meinung sind, nichts zum Anziehen zu haben, dann stöbern Sie einfach nicht genug.

Oder vielleicht sind Sie auch einfach nur unzufrieden, und Ihr einziger Gedanke ist, daß ein neues Kleid Ihr Allgemeinbefinden heben könnte. Einkaufen vermag oft, ein bißchen von dieser Sehnsucht zu befriedigen. Und es ist die damit verbundene Art der Aufregung – dieser fast unanständige kleine Kick, wenn Sie losgehen und Geld ausgeben, selbst wenn es nur 30 Mark für ein T-Shirt sind. Wenn Sie sich so fühlen, dann ziehen Sie los und leisten Sie sich etwas Frivoles, Trendiges, ein Basisstück, etwas Großes oder Kleines. Sehr oft kauft man aus so einem Gefühl heraus etwas, das man wirklich liebt und für eine Weile sehr gerne trägt – bis es schließlich Teil der »Ich-habe-nichts-anzuziehen«-Kollektion wird.

Irgendwie gehen wir doch alle leidenschaftlich gern einkaufen, ob wir das zugeben oder nicht. Und wir alle lieben Kleider und drücken unsere Nasen an jedem Schaufenster platt, an dem wir vorbeikommen. Seien wir ehrlich: Sie hätten gar nicht erst zu diesem Buch gegriffen, wenn Sie der ganze Modezirkus nicht wenigstens ein bißchen faszinieren würde. Und das steckt schlußendlich hinter der Frage, wie man sich gut anzieht. Sicher, sich einzukleiden hat auch eine praktische Seite, aber nur weil Mode außerdem eine Menge Spaß macht, werden die Geschäfte auch weiterhin florieren und die Designer designen, was das Zeug hält.